W0051534

Das Buch

Als Student hat Christian Sprang angefangen, Todesanzeigen zu sammeln. Was als Spaß in einer Wohngemeinschaft begann, entwickelte sich zu einer faszinierenden Tätigkeit. Schnell begannen Freunde und Bekannte, ihm eigene Fundstücke zu schicken. So entstand mit den Jahren eine Hunderte Anzeigen umfassende Sammlung.

Die Auswahl in diesem Buch reicht von Selbstanzeigen (»Ich bin dann mal weg« oder »Ich wünsche euch allen eine schöne Zeit«), nachträglichen Klarstellungen (»Er hatte Vorfahrt« oder »Scheiß Motorrad«), Rätselhaftem (»Ein Gänseblümchen macht nun für immer bubu«), über Hassanzeigen (»Jetzt wird gefeiert!« oder »Zum Tode von Dr. Volker P. fällt mir nur ein Wort ein: Danke! Ein Patient«) und letzte Grüße (»He Uli, es war schön mit dir«) bis zu Anzeigen mit ungewöhnlichem Motto (»Ein letztes Zapp-Zerapp« oder »s' is Feierobnd«).

Die Geschichten, die sich dahinter verbergen, sind herzzerreißend, skurril und komisch; sie zeichnen ein ungewöhnliches Bild vom Leben und Sterben in unserem Land, das beim Leser zu tröstender Erkenntnis und befreiendem Lachen führt. Schließlich gilt, wie in einer Anzeige lakonisch resümiert wird: »Wer nicht stirbt – hat nie gelebt.«

Die Autoren

Matthias Nöllke, Dr. phil, arbeitet für den Bayerischen Rundfunk und ist Autor zahlreicher Fach- und Sachbücher, darunter: »Machtspiele«, »Von Bienen und Leitwölfen. Strategien der Natur im Business nutzen« und »Der gut gelaunte Pessimist«. Er lebt in München.

Christian Sprang, Dr. phil, ist seit 2001 Justiziar des Börsenvereins des Deutschen Buchhandels. Seit 1995 ist er Lehrbeauftragter an mehreren Universitäten und Leiter von Seminaren und Fachanwaltslehrgängen zum Urheber- und Verlagsrecht. Er lebt in Wiesbaden.

Matthias Nöllke   Christian Sprang

Aus die Maus
Ungewöhnliche Todesanzeigen

Kiepenheuer & Witsch

5. Auflage 2009

© 2009 by Verlag Kiepenheuer & Witsch, Köln
Alle Rechte vorbehalten. Kein Teil des Werkes darf in irgendeiner Form
(durch Fotografie, Mikrofilm oder ein anderes Verfahren) ohne
schriftliche Genehmigung des Verlages reproduziert oder unter
Verwendung elektronischer Systeme verarbeitet, vervielfältigt oder
verbreitet werden.
Umschlaggestaltung: Barbara Thoben, Köln
Umschlagmotiv: © Marc Thoben
Gestaltung: Elisabeth Scharlach
Gesetzt aus der Today
Satz: Felder KölnBerlin
Druck und Bindung: CPI – Clausen & Bosse, Leck
ISBN: 978-3-462-04157-6

Inhalt

Einleitung

»Jeden Morgen nehm' ich die Zeitung und seh' die Todesanzeigen durch. Wenn mein Name da nicht steht, mach' ich einfach so weiter wie bisher.«

DIZZY GILLESPIE

Viele Menschen finden es absonderlich, Todesanzeigen zu sammeln. Weil Tod und Sterben in unserer Gesellschaft tabuisiert werden, vermutet man hinter dem Interesse des Sammlers schnell Geschmacklosigkeit oder Abgestumpftheit. Dabei gibt es nichts, was in wenigen Worten so herzzerreißend, traurig, mitunter aber auch so komisch sein kann wie eine Todesanzeige.

Ihre Lektüre eignet sich nicht nur als Memento mori, sondern bietet oft geradezu ein Spiegelbild des menschlichen Lebens. Jede Todesanzeige und jeder Nachruf legt Zeugnis davon ab, wie sich das Leben und Sterben eines Menschen und das Weiterleben seiner Mitmenschen in Sprache ausdrücken lassen. In manchen Todesanzeigen gelingt es, in wenigen Worten ein ganzes Menschenleben zusammenzufassen, in anderen verbinden sich tiefste menschliche Tragik und höchste Komik in wenigen Zeilen zu einer untrennbaren Einheit. Solchen Exemplaren, die aus den konventionellen Bahnen der Formulierung oder Gestaltung von Todesanzeigen ausbrechen, gilt dieses Buch.

Schon als Abiturient habe ich morgens in der Lokalzeitung regelmäßig die Seite mit den Todesanzeigen studiert. Vor etwa zwanzig Jahren war es dann so weit: Ich konnte die Zeitung nicht zum Altpapier geben, ohne zuvor zur Schere zu greifen und meine erste Todesanzeige auszuschneiden. Das fragliche Stück

Wir trauern um

Uwe D

der unverhofft im Alter von 46 Jahren verstorben ist.

Wir verlieren in ihm einen sehr zuverlässigen und korrekten Mitarbeiter und Kollegen, dem wir ein ehrendes Andenken bewahren werden.

HEINRICH BAUER DIENSTLEISTUNGS KG
Geschäftsleitung
Betriebsrat
Mitarbeiterinnen und Mitarbeiter

Die Trauerfeier findet im engsten Familienkreis statt.

lag dann einige Wochen auf dem Küchenschrank meiner Wohngemeinschaft. Dort bot es Anlass zu Bewunderung und Erheiterung, aber auch zu Nachfragen und Diskussionen. Nicht jedem Betrachter erschloss sich der feine Unterschied zwischen der sonst üblichen Floskel »plötzlich und unerwartet«, die der Arbeitgeber des Verstorbenen offenbar vermeiden wollte, und dem nicht ganz bedeutungsgleichen Wörtchen »unverhofft«. Was »unverhofft« eintritt, das ist etwas, auf das man nicht zu hoffen gewagt hat. Bei wörtlicher Lesart erscheint der Tod des zuverlässigen und korrekten Mitarbeiters also als willkommene Lösung eines Personalproblems der Firma.

Zu diesem »Erstling« steuerten schon bald Besucher unserer Wohngemeinschaft eigene Fundstücke bei, und so wuchs nach und nach eine Sammlung ungewöhnlicher Todesanzeigen heran. Anfang des Jahres 2003 habe ich Teile dieser Sammlung – die damals schon auf mehrere Hundert Exemplare angewachsen war – auf eine kleine Website gestellt. Diese Seite war eigentlich nicht so sehr für die Öffentlichkeit gedacht, sondern sollte meinen mitsammelnden Freunden und Bekannten den Überblick über neu hinzugekommene Anzeigen erleichtern. Gleichwohl verzeichnete sie schon nach wenigen Wochen täglich mehrere hundert Besucher. Daraufhin habe ich die Website mithilfe der Domain www.todesanzeigen-sammlung.de besser auffindbar gemacht und die Mailadresse todesanzeigen@gmx.de eingerichtet, damit mir die Besucher der Seite ihre Fundstücke zuschicken konnten. Das haben auch unerwartet viele getan. Teils waren es einzelne Anzeigen, die der Absender verschämt irgendwo aufbewahrt hatte, weil er sich in seinem Familien- und Bekanntenkreis nicht zum Ausschneiden von Todesanzeigen fremder Leute bekennen mochte. Teils handelte es sich aber auch um eigene kleine Sammlungen, die von ihren Einsendern über jahrelange aufmerksame Lektüre der Todesanzeigenseite ihrer Lokalzeitung aufgebaut worden waren.

Für dieses Buchprojekt haben wir über meine eigene Sammlung hinaus einige weitere bemerkenswerte Kollektionen ausgewertet und stellen deren beste Stücke vor. Dabei handelt es sich um

■ den Inhalt des »Komischen Buchs« der vor einigen Jahren hochbetagt verstorbenen Sammlerin Gertrud Borsche. Diese seit den frühen fünfziger Jahren mit viel Feinsinn aufgebaute Kompilation verdanke ich Herrn Lorenz Borsche.

■ einige Anzeigen aus der Sammlung des St. Georgsberger Pastors Hans Mader. Hans Mader hat bereits vor einigen Jahren viele der von ihm gesammelten Todesanzeigen in dem lesenswerten Buch »Es ist echt zu bitter« veröffentlicht und kommentiert. Uns hat er ohne zu zögern eine Auswahl des danach bei ihm aufgelaufenen Materials für dieses Buch zur Verfügung gestellt.

■ die große Kollektion des Wiesbadener Sammlers Dirk Hummel, der mehrere Tausend Anzeigen zusammengetragen und mit diesen schon eigene Ausstellungen bestritten hat.

■ die Sammlung des Kasseler Museums für Sepulkralkultur. In

diesem sehr sehenswerten Museum, das dem Umgang des Menschen mit Tod und Sterben gewidmet ist, konnte ich drei Tage lang eine Auswahl aus den enormen Beständen an Todesanzeigen treffen. Dafür bin ich dem Haus und insbesondere dessen Bibliothekarin Isabel von Papen zu Dank verpflichtet.

Vereinzelt haben wir auch auf Stücke aus Publikationen anderer Sammler zurückgegriffen. Eine Übersicht über diese Veröffentlichungen finden Sie in der kleinen Bibliografie am Ende dieses Buchs. Dort habe ich auch, soweit sich dies noch rekonstruieren ließ, die Namen der Beiträger zu meiner eigenen Sammlung aufgelistet, deren Fundstücke wir für dieses Buch verwendet haben.

Bei allen gezeigten Stücken handelt es sich um originale Todesanzeigen. Die Nachnamen und Adressen der Verstorbenen und ihrer Angehörigen, in wenigen Fällen auch irrelevante Textteile, haben wir entfernt, sofern nicht gerade (auch) in ihnen das Ungewöhnliche einer Anzeige liegt. Die Namen von Trauernden oder Betrauerten sind auch deshalb gelöscht, weil es beim Sammeln von Todesanzeigen nicht darum geht, jemanden bloßzustellen. Auch ist die Sammlung keineswegs ein Panoptikum von sprachlichen Schnitzern, die Menschen in einer psychischen Ausnahmesituation unterlaufen sind. Vielmehr stellen wir ungewöhnliche Todesanzeigen vor, solche, die aus dem Rahmen fallen, und das sind nicht nur originelle und lustige Stücke, sondern auch besonders treffende, besonders traurige, ja bewegende Todesanzeigen.

Dieses Buch habe ich gemeinsam mit meinem alten Freund und Kommilitonen Matthias Nöllke geschrieben, der als Autor mehr Erfahrung mit dem Bücherschreiben hat als ich. Die Komposition des Buches und die Formulierung der verbindenden Texte sind im Wesentlichen sein Werk. Ich hoffe sehr, dass man dem Buch anmerkt, wie viel Spaß wir an dem gemeinsamen Projekt und der Zusammenarbeit mit dem Verlag Kiepenheuer & Witsch hatten.

Wiesbaden, im Sommer 2009
Christian Sprang

01

»Oma rief – Opa kam«

Anzeigen mit ungewöhnlichem Motto

Üblicherweise wird die Todesanzeige mit einem Motto eingeleitet, einem bewährten Bibelwort oder einem einschlägigen Zitat aus dem »Kleinen Prinzen«. Manche schmücken den letzten Gruß auch mit trostreichen Gedanken von Dichtern, Weisheitslehrern oder Philosophen.

's is Feierobnd

Nach einem in Arbeit erfüllten Leben
entschlief am 25. Januar 2001 meine liebe Mutter

Maria S

geb. P

kurz vor ihrem 95. Geburtstag.

In stiller Trauer:
Dr. Christina W
im Namen aller Anverwandten

Umso stärker wird der Leser überrascht, wenn sich anstelle der gewichtigen Worte eher lapidare Formulierungen finden. Erst recht, wenn sie in einem keineswegs ortsüblichen Lokalkolorit erscheinen wie bei Maria S. aus dem hessischen Walluf.

Doch ist der prosaische Abschiedsgruß keine süddeutsche Eigenart. Natürlich aus dem Hamburger Abendblatt stammt der folgende Nach-Ruf:

Schüß Oma

Hannchen H
geb. E

* 2. Juni 1920 † 17. März 1995

In stiller Trauer
Günter H

Und auch in Kriftel, dem »Obstgarten des Vordertaunus«, versteht man sich aufs knappe Abschiednehmen, wenngleich offenbleibt, wer sich hier von wem verabschiedet.

Und tschö

Rolf M
* 4. März 1950 † 2. April 2006

Hannelore
Thorsten und Florian

Besonders glücklich fügt es sich, wenn der Sinnspruch vom Verstorbenen selbst stammt. So wie bei der 93-jährigen Tante Tinny, deren Lebensmotto einem eher in anderen Zusammenhängen geläufig ist.

Man hat's nicht leicht,
aber leicht hat's einen.
Tinny L

Sie starb, wie sie gelebt hat – sie hat's geschafft, wie so vieles im Leben!

Christina L (Tante Tinny)

geb. K

* 24. 12. 1911   † 22. 4. 2004

In Liebe und Dankbarkeit trauern:

Sabine
Rolf, Tobias und Robin
Anita, Gerda, Hilde und Irene
Dore, Andrea, Christoph und Melva
Christiane und Ulrike
und alle Wegbegleiter

Auch finden sich in manchen Anzeigen ungewohnte Einsichten des Verstorbenen, über deren Bedeutung man sich in unserer schnelllebigen Zeit womöglich nicht hinreichend im Klaren ist.

Das Wichtigste im Leben:
einatmen - ausatmen

G. L

Gerhard L

* 2. 10. 1956   † 9. 7. 2006

atmet nicht mehr

Andere geben mit ihren persönlichen Einlassungen der Nachwelt tiefe Rätsel auf.

Von allen meinen Seelenzuständen ziehe ich den Schnee vor.

Wolfgang K

9. 10. 1957 - 10. 2. 2003

Urnenbeisetzung am Montag, 17. Februar 2003, um 14.00 Uhr,

Manchmal sind es aber auch die Hinterbliebenen, die ein sehr persönliches Motto wählen, das sich für Außenstehende nicht restlos entschlüsseln lässt.

Ein Gänseblümchen macht nun für immer bubu...

Waltraud N
(Walli)
* 30. 9. 1953   † 22. 4. 1997

hat ihren Platz auf einer grünen Wiese gefunden.

Eher ins allgemein Menschliche driftend, wenngleich auf unbestimmte Art ermutigend, ist hingegen das Motto von Bäckermeister Heinz K.

Wer nicht stirbt — hat nie gelebt.

Heute starb nach 23 Jahren gemeinsamen Schaffens mein Lehrmeister, Chef und Vater

Heinz K

Bäckermeister

im Alter von fast 70 Jahren.

Sein Tun und Wirken werde ich in seinem Sinne fortsetzen.

Jürgen

Die innige Verwobenheit von Leben und Tod ist auch Gegenstand des folgenden Mottos, dem allerdings angesichts des langen Lebens der Verstorbenen eine gewisse Ambivalenz anhaftet.

Wer weiß denn,
ob das Leben nicht Totsein ist
und Totsein Leben?

Unsere liebe Mutter, Oma und Tante

Franziska K

ist im Alter von 91 Jahren in den ewigen Frieden heimgegangen.

17

Eine durchaus gewollte Doppelbödigkeit steckt hingegen in der folgenden Anzeige. Sie ist ein gelungenes Beispiel dafür, dass man auch in ernsten Angelegenheiten nicht auf ein heiteres Wortspiel verzichten muss. Denn ein Steinhäger ist nicht nur der Bewohner einer 20.000-Seelen-Gemeinde am Südhang des Teutoburger Waldes. Sondern auch ein feinwürziger Wacholderschnaps, der gerne vor dem Essen zum Bier getrunken wird, um den Magen anzuwärmen.

Der Herr hat einen Steinhäger zu sich genommen.

Kurt S

* 16. Februar 1905　　† 12. Juni 1989
Steinhagen　　　　　Hamburg

Ich nehme Abschied in Liebe
Axel S

An Vieldeutigkeit kaum zu übertreffen
ist das folgende Motto. Dabei wurden die
Worte ganz offenbar mit Bedacht gewählt.

Wenn man
sich das
so richtig überlegt,
Dann
war das
Allerhand ...

1896—1989
Werner K
ist tot.

Auch an der folgenden Anzeige wurde
gewiss etwas länger gefeilt, zumal es um
eine Krankheit geht, die sonst eher um-
schrieben oder gar nicht genannt wird.
Hier schon. Das Ergebnis ist ein kleines
sprachliches Meisterwerk.

Tumor is. Rumor is. Humor is nich.

Prof. Dr. Gerburg T

13. 11. 1939   –   19. 11. 2006

Auch in Anzeigen von Künstlern gibt es hin und wieder ein treffendes Motto zu entdecken. Besonders schön ist es, wenn die Worte vom Verstorbenen selbst stammen – wie in der Anzeige für den »Vater der Videokunst«, Nam June Paik, der sogar mit zwei gleichwertigen Mottos aufwarten kann.

„There is no rewind button for life" (NJP)

Nam June Paik

20. Juli 1932 Seoul – 29. Januar 2006 Miami

Helge Achenbach, Erik Andersch, Inge Baecker, Mary Bauermeister, Hans Baumgart, Ute und Michael Berger, Eva Beuys, Alfred Biolek, Ursula und René Block, Eugen Blume, Wibke von Bonin, Horst Bredekamp, Christoph Brockhaus, Klaus vom Bruch, Ernst Brücher, Klaus Bußmann, Edith Decker, Manfred Eichel, Harald Falckenberg, Wolfgang Feelisch, Friedrich Christian Flick, Helmut Friedel, Rudolf Frieling, Gotthard Graubner, Ingo Guenther, Stephanie und Wulf Herzogenrath, Felix Herzogenrath, Peter Hoenisch, Thomas Kellein, Kirsten Klöckner, Kasper König, Walther König, Peter Kolb, Ulrich Krempel, Manfred Leve, Irene Ludwig, Hans Mayer, Doris Neuerburg, Marcel Odenbach, Hans Otte, Otto Piene, Ulrike Rosenbach, Dieter und Si Rosenkranz, Jochen Saueracker, Hans-Werner Schmidt, Klaus Staeck, Rolf Staeck, Toni Stoos, Günther Uecker, Thomas Wegner, Peter Weibel, Siegfried Weishaupt, Peter Wenzel, Stephan von Wiese, Regina Wyrwoll, Rudolf Zwirner . . .

„When too perfect – liebe Gott böse" (NJP)

Zu den Raritäten gehört das lautmalerische Motto. Es ist ohne Frage ein belebendes Element, das der Anzeige eine ebenso kreative wie persönliche Note verleiht. Wie im Fall des Kursmaklers Dieter M., dessen Erkennungsgeräusch jedoch zu mancherlei Spekulation Anlass gibt.

„Ein letztes Zapp-Zerapp"

Dieter M

Kursmakler

* 19. 2. 1944   † 12. 11. 1998

Dem lautmalerischen Motto nicht unverwandt ist die blanke Wortwiederholung. Auch schlichte Worte lassen sich auf diese Weise mit einer geradezu hämmernden Eindringlichkeit ausstatten.

Hallo – Hallo
traurig – traurig – traurig

Erni R

geb. H

ist tot.

Wer ein Motto aus der Heiligen Schrift wählt, kann nicht viel falsch machen, möchte man meinen. Doch einen Bibelvers zu finden, der hundertprozentig passt, ist nicht immer einfach. Daher scheuen sich manche Hinterbliebene nicht, dem Original noch etwas Eigenes hinzuzufügen. Auch religiös sensible Gemüter werden dagegen keinen Einspruch erheben, sofern mit den Quellenangaben so korrekt verfahren wird wie in dem folgenden Beispiel.

Hilf mir von den Blutgierigen (Psalm 59), den Geldgierigen und den Sensationslüsternen.

PETRA S

"Der Schrei", Edvard Munch, 1895

Die Eltern und alle die sie liebhaben.

MORS PORTA VITAE ET TERNA

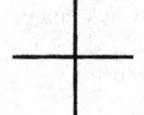

STUDIENDIREKTOR I. R.

FRIEDRICH K

GEB. 16. MÄRZ 1911   GEST. 23. APRIL 1998

DANKEND FÜR SEINE LIEBE UND GÜTE NEHME ICH IN STILLER
ABSCHIED. ER WIRD MIR SEHR FEHLEN.

HILDEGARD K
IM NAMEN ALLER ANGEHÖRIGEN

48149 MÜNSTER

Für Verstorbene mit humanistischer Bildung kommen auch lateinische Sinnsprüche infrage, wie etwa die altehrwürdige Grabinschrift, die den Tod als Pforte zum ewigen Leben deutet. »Mors porta vitae aeternae«, wie die Lateiner sagen. Freilich ist es nicht ohne Risiko, solche heute selten gebräuchlichen Wendungen der telefonischen Anzeigenannahme anzuvertrauen, wie es offenbar im Falle des pensionierten Studiendirektors Friedrich K. geschehen ist.

Für ein gelungenes Motto muss man nicht immer Bibel und klassisches Bildungsgut bemühen. Das folgende Beispiel zeigt, wie man mit einer alltagsnahen Sprache die Dinge eindrucksvoll auf den Punkt bringt.

Es ist echt zu bitter

Rainer

★ 28. 9. 1959   † 17. 10. 1985

ist tot

Meine Gefühle sind bei ihm
Domenica

Wir denken an ihn
**Jutta und Dario
Xavier und Annette
und noch viele andere Freunde**

Am 5. März wäre unser Freund

ROLF S

58 Jahre alt geworden.
Wir trauern um ihn.

*Beherzt wie eine Briefmarke
ging er seines Wegs.*

Philippe Soupault

Auch ein unübliches Zitat vermag überraschende Akzente zu setzen. Ein schönes Beispiel findet sich in einer Erinnerungsanzeige für den Schriftsteller Rolf S.

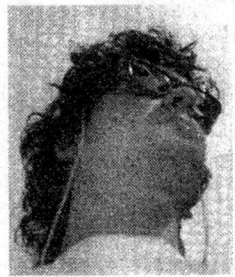

Nie gekämpft,

im Strom des Lebens getrieben

... darin untergegangen

„Aus die Maus"

Elmar L

* 11. Juli 1960   † 12. Januar 2009

Marlies R   geb. L

Herbert R   mit Moritz

Hanni L

Heinz L

Die Seebestattung erfolgt vor der Küste Mallorcas.

Bei der Formulierung von Todesanzeigen gibt es Sternstunden, in denen es den Angehörigen gelingt, das Ereignis in eine treffende Formel zu fassen. Hier haben wir gleich zwei Beispiele: Dass Elmar L. vermutlich nicht zu den lebenstüchtigsten Menschen gehörte, verraten die drei ersten Zeilen. Das eigentliche Motto ist die beherzte Antwort darauf.

Wie im Leben — Oma rief — Opa kam.

† 30. 1. 1994   † 8. 2. 1994

Wer so gelitten und gewirkt wie Du im Leben, wer so erfüllte seine Pflicht, und stets sein Bestes hat gegeben, der stirbt auch selbst im Tode nicht.

Am 8. Februar 1994 entschlief nach schwerer Operation unser guter Vater, Schwiegervater, unser Opa, Schwager und Onkel

Josef H

im 82. Lebensjahr.

In stiller Trauer:

Josef H und Frau Helga
Ferdinand H und Frau Gisela
Enkel
und alle Angehörigen

60433 Frankfurt am Main,

Die Trauerfeier findet am Donnerstag, dem 17. Februar 1994, um 9.30 Uhr auf dem Eschersheimer Friedhof statt.

Im Falle von Josef H. glückt mit dem schlichten Motto ein Meisterstück, das mehr über den Verstorbenen aussagt, als es ein wortreicher Nachruf vermag.

»... gibt Nachricht vom Ableben Ihrer Durchlaucht«

Anzeigen von Adligen

»Mit dem Adel ist es wie mit den Kartoffeln«, pflegte ein lebenskluger Hamburger Jurist zu sagen, der selbst adelig war, »der beste Teil liegt unter der Erde.« Ob das zutrifft, wollen wir nicht näher untersuchen. Doch ohne Zweifel gehören die Anzeigen von Adligen zu den Spezialitäten, die in keiner Sammlung fehlen dürfen. Mitunter genügen die bloßen Vornamen, um den bürgerlichen Zeitungsleser in Erstaunen zu setzen:

Heute entschlief im 83. Lebensjahr mein geliebter Mann, unser Vater, Schwiegervater und Großvater

Manfred Rudolf Kreuzwendedich Maria Graf von Salm-Hoogstraeten

* 31.8.1911   † 11.1.1994

Ruth Gräfin von Salm-Hoogstraeten
Angela Smit geb. Gräfin von Salm-Hoogstraeten
Dr. Paul Smit
Stefan, Sebastian, Sabine
Barbara Gräfin von Salm-Hoogstraeten-Weebers
Henricus Weebers
Manfred Graf von Salm-Hoogstraeten
Rudolf Graf von Salm-Hoogstraeten
Claudia Gräfin von Salm-Hoogstraeten
Constantin, Sophia

Wer einen wenig gebräuchlichen Vornamen für seinen Nachwuchs sucht, wird
bei den »vons« oft fündig.

Angela von Passavant geb. Gräfin von Maldeghem gibt im eigenen sowie im Namen ihrer
drei Töchter Marie-Liliane Rödel geb. von Passavant, Sophie Freifrau von Seydlitz-
Kurzbach geb. von Passavant, Isabelle von Passavant, seiner Schwester Rosemarie Villiers
geb. von Passavant sowie aller übrigen Verwandten tief betrübt Nachricht vom Tode ihres
Mannes, unseres Vaters, Bruders und Großvaters von sechs Enkeln

Wilderich Markus Mariano von Passavant

* 8. Juli 1924   † 5. Dezember 2005

welcher im 82. Lebensjahr nach kurzem, schwerem, mit großer Geduld ertragenem Leiden
von uns gegangen ist.

Die Beisetzung findet am Freitag, dem 16. Dezember 2005, um 11.00 Uhr auf dem Hauptfriedhof in Mannheim statt.

Geliebt und unvergessen

Gabriele
Gräfin von der Schulenburg-Hehlen
geb. Adams

* 14. 11. 1946   † 18. 11. 1992

ACHATZ   mit Sohn   ACHAZ

Bei manchen Vornamen vermag ein einziger Buchstabe die entscheidende Nuance
zu setzen.

Darüber hinaus gilt es, den Gesamtnamen im Auge zu behalten. So kann sich ein reizvoller Kontrast ergeben, wenn der kühn gewählte Vorname an einen heimischen Greifvogel denken lässt, ehe der Familienname verrät, welcher ornithologischen Gattung der Betreffende eigentlich zuzuordnen ist.

Ehrt jedermann, habt die Brüder lieb,
fürchtet Gott, ehrt den König!
1. Petrus 2, Vers 17

Gott der Herr hat gnädig zu sich genommen meinen geliebten Mann und Bruder, unseren lieben Vater, Schwiegervater und Großvater

Busso Konrad Sittich Freiherr von Berlepsch

* 11. 7. 1922   † 13. 6. 1994

Rechtsritter des Johanniterordens

41. Erbkämmerer von Hessen

Rittmeister im ehem. Kav.-Rgt. 9, Oberst i. G. a. D.

In tiefer Trauer:

Margarethe Freifrau v. Berlepsch, geb. Volk
Susanne Freiin v. Berlepsch
Hans-Hermann Freiherr v. Berlepsch
Anke Freifrau v. Berlepsch, geb. Hartwig
und René Busso Karl Sittich
Konrad Freiherr v. Berlepsch
Beate Freifrau v. Berlepsch, geb. Burhenne
und Tilman Frieder Sittich

34466 Wolfhagen, Kurfürstenstraße 29

Die Trauerfeier findet am Donnerstag, dem 16. Juni 1994, um 14.30 Uhr in der Friedhofskapelle Wolfhagen statt.

Im Sinne des Verstorbenen wäre es, anstatt Blumen oder Kränze eine Spende zu geben an die Hess. Genossenschaft des Johanniterordens/JHG, Kassel, Konto-Nr. 6 006 761 bei der Kreissparkasse Eschwege, BLZ 522 500 30.

Von Beileidsbekundungen am Grabe bitten wir abzusehen.

Überhaupt bilden die Vornamen ja nur den kleineren Teil der vollständigen Bezeichnung des Verstorbenen – und seiner Hinterbliebenen. Auf diese Weise kann schon bei einer durchschnittlichen Anzeige »bei Adels« einiges an Namen zusammenkommen.

HELENE

Freifrau von Oppenheim, verw. Gräfin von Hardenberg
geb. Freiin von Richthofen

* 9.3.1910   † 5.11.1996

ist in Gottes Frieden abgerufen worden.
In Liebe und Dankbarkeit nehmen wir Abschied von unserer lieben Mutter.
Sie war der Mittelpunkt unserer Familie.

Verena Gans Edle Herrin zu Putlitz, geb. Gräfin von Hardenberg
Busso Gans Edler Herr zu Putlitz
Albrecht Gans Edler Herr zu Putlitz
Sabine Gans Edle Herrin zu Putlitz, geb. Jaspert
Karl Wilhelm Graf von Hardenberg
Elly Gräfin von Hardenberg, geb. Ehringhaus
Dietrich Graf von Hardenberg
Cornelia Gräfin von Hardenberg
Ruth Hollander, geb. Freiin von Richthofen
Manfred Freiherr von Oppenheim
Carla Freifrau von Oppenheim, geb. Siempelkamp
Manuela Bohlander-Oppenheim, geb. Freiin von Oppenheim
Thomas Bohlander
Nicolaus Freiherr von Oppenheim
Karin Freifrau von Oppenheim, geb. Gerhard
Clyvia Freiin von Oppenheim
Balbina von Bremen, geb. Freiin von Oppenheim
Dr. Wigand von Bremen
und 8 Urenkel

Dr. Karl Graf und Edler Herr von und zu Eltz gen. Faust von Stromberg gibt im eigenen sowie im Namen seiner Mutter Ladislaja Gräfin und Edle Herrin von und zu Eltz gen. Faustin von Stromberg, geb. Freiin von Mayr-Melnhof, verw. Prinzessin zu Hohenlohe-Ingelfingen, seiner Brüder Frater Andreas Michael OSB und Domkapitular Dr. Johannes Grafen und Söhne von und zu Eltz und Georg Graf und Edler Herr von und zu Eltz, seiner Schwestern Lidvine Gräfin von Preysing-Lichtenegg-Moos, Assunta Gräfin von Mensdorff-Pouilly, Christiane von Ribbentrop, Dr. Johanna Friederichsen und Benedikta Lagervret, geb. Gräfinnen und Töchter von und zu Eltz, seiner Gemahlin Sophie Gräfin und Edle Herrin von und zu Eltz, geb. Gräfin Schaffgotsch, gen. Semperfrei von und zu Kynast und Greiffenstein, Freiin zu Trachenberg, seiner Schwäger Christoph Graf von Preysing-Lichtenegg-Moos, Emanuel Graf von Mensdorff-Pouilly, Adolf von Ribbentrop und Carl Gustav Lagervret, seiner Schwägerin Dr. Anna Venetia Gräfin und Edle Herrin von und zu Eltz geb. Squire, seiner Kinder Antoinette Gräfin und Tochter von und zu Eltz, Johann Jakob, Anselm Kasimir und Philipp Carl Grafen und Söhne von und zu Eltz, seiner zweiundzwanzig Neffen und Nichten, seiner neun Großneffen und Großnichten, namens des Gesamthauses und aller Anverwandten tief betrübt Nachricht, dass sein innig geliebter Vater

JOHANN JAKOB
GRAF UND EDLER HERR VON UND ZU ELTZ

GEN. FAUST VON STROMBERG

* 22. 9. 1921 Kleinheubach   † 10. 2. 2006 Eltville am Rhein

Ritter des Ordens vom Goldenen Vließ
Ehren- und Devotionsgroßkreuzbailli in Oboedienz des Souveränen Malteser-Ritterordens
Träger der Goldenen Verdienstplakette des Malteser Hilfsdienstes
Träger des Großen Verdienstkreuzes mit Stern
des Verdienstordens der Bundesrepublik Deutschland
sowie anderer in- und ausländischer Orden und Ehrenzeichen
Ehrenbürger der Johannes-Gutenberg-Universität Mainz

im 85. Lebensjahr, im 60. Jahr seiner Ehe, nach langem, mit großer Geduld ertragenem Leiden, versehen mit den Tröstungen der Heiligen Kirche, von unserem Herrn Jesus Christus in die ewige Heimat gerufen wurde.

Das Requiem wird am Samstag, den 18. Februar 2006, um 13.00 Uhr in der Pfarrkirche St. Peter und Paul in Eltville am Rhein gefeiert. Die Beisetzung findet nach dem Requiem in der angrenzenden Schmidtburgkapelle statt.

Eine Seelenmesse wird am Freitag, den 3. März 2006, um 19.30 Uhr in der Rochuskirche, Landstraßer Hauptstraße 45 in Wien III, gefeiert.

Zusätzlicher Raum wird beansprucht, um die Auszeichnungen des Verstorbenen unterzubringen. In der obigen Anzeige gelingt das Kunststück, dies alles und noch viel mehr in einem einzigen Satz unterzubringen, der knapp dreihundert Worte umfasst und dessen zweiteiliges Verb (»gibt ... tief betrübt Nachricht«) vierzehn Druckzeilen überspannt. Thomas Mann kann da einpacken.

Im Vergleich dazu wirkt die folgende Anzeige fast schon kurzatmig. Dafür gesellt
sich als reizvoller Kontrast ein Kosename
hinzu.

KRAFT FÜRST ZU HOHENLOHE-LANGENBURG
GIBT IM EIGENEN SOWIE IM NAMEN SEINER FRAU IRMA FÜRSTIN ZU
HOHENLOHE-LANGENBURG, SEINES BRUDERS ANDREAS PRINZ ZU
HOHENLOHE-LANGENBURG, SEINER SCHWÄGERINNEN LUISE
PRINZESSIN ZU HOHENLOHE-LANGENBURG PRINZESSIN VON
SCHÖNBURG-WALDENBURG UND MARIA PRINZESSIN ZU HOHENLOHE-
LANGENBURG UND SEINER KINDER, SEINES NEFFEN UND SEINER
NICHTEN
NACHRICHT VOM ABLEBEN SEINER GELIEBTEN SCHWESTER

IHRER DURCHLAUCHT

BEATRIX PRINZESSIN ZU HOHENLOHE-LANGENBURG
„TITTU"

Solche verspielten Beinamen, die der
Welt der Augsburger Puppenkiste zu entstammen scheinen, sind in Adelsanzeigen
keineswegs unüblich.

Nach kurzer schwerer Krankheit verstarb versehen mit den
heiligen Sterbesakramenten

Francisca Marquesa de Belvis de las Navas
„Pimpinela"
Prinzessin zu Hohenlohe-Langenburg
(Böhmische Linie)

* 26. 8. 1922 † 4. 1. 2007

Xandra Gamazo-Hohenlohe
Anna Abello-Gamazo
Clara Gamazo-Hohenlohe
German Gamazo-Hohenlohe
Beatriz Prinzessin zu Hohenlohe-Langenburg

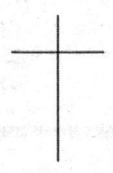

Wir nehmen Abschied von

Carl-Alexander Graf von Bismarck (Ping)

der nach kurzem schweren Leiden uns für immer verlassen hat.

* 20. II. 1935   † 19. XII. 1992

RUHE NUN IN FRIEDEN

Ferdinand Fürst von Bismarck	Maximilian Graf von Bismarck
Elisabeth Fürstin von Bismarck	Barbara Gräfin von Bismarck
AnnMari Fürstin von Bismarck	Leopold Graf von Bismarck
Claudia Gräfin von Bismarck	Debonnaire Gräfin von Bismarck
Sandra Gräfin von Bismarck	Gunilla Gräfin von Bismarck-Ortiz

sowie alle Neffen und Nichten

Der Trauergottesdienst mit anschließender Beisetzung findet im engsten Freundes- und Familienkreis am 23. Dezember 1992 um 14 Uhr im Mausoleum in Friedrichsruh statt.

Auch die Nachfahren des »eisernen Kanzlers« rücken einem auf diese Weise menschlich näher. Dabei ist es nicht ohne Reiz, darüber nachzudenken, wie der Graf zu seinem lautmalerischen Beinamen gekommen sein mag.

Nicht immer ist den Lesern der schwarzumränderten Anzeigen die Bedeutsamkeit des Namens so präsent wie im Fall der Fürsten und Grafen von Bismarck. Dies gilt insbesondere für den vielfach unterschätzten Beamtenadel. Altehrwürdige Familien müssen daher gelegentlich ein wenig Nachhilfe leisten, um die leuchtende Spur ihrer Angehörigen in ausgreifenden Sätzen nachzuzeichnen.

ICH MUSS VIELE TRÄNEN ESSEN.
W. B., 23. 02. 94

WICKE BURKERT GEB. GEORGII

* 16. Februar 1909   † 18. Januar 1997

Kurz vor Vollendung ihres 88. Lebensjahres hat sich eine der letzten Repräsentantinnen der alten, eng mit der württembergischen Geschichte verbundenen Familien von Georgii-Georgenau

– Johann Eberhard von Georgii beispielsweise war Erzieher der württembergischen Prinzen und Thronnachfolger Karl Eugen, Ludwig Eugen und Friedrich Eugen am Hofe Friedrichs d. Gr. in Berlin (1744); Dr. jur. Eberhard Friedrich von Georgii außerordentlicher Abgesandter der Württembergischen Landschaft beim Friedenskongreß in Rastatt, wo er in seinen Gesandtschaftsberichten namentlich über die Audienz mit Napoleon (1797) schrieb –

auf den ersehnten Weg der Verwandlung begeben.

Geliebte Muse eines halben Jahrhunderts ehelicher Verbundenheit mit dem Dichter und Chefredakteur HELMUT BURKERT (1900–1984), vergötterte Mutter einer Kinderdreiheit, die der schwere Luftangriff 1944 auf Heilbronn a. N. durch den Tod der ältesten Tochter Delia und des Stammhalters Thasilo auseinanderriß, Kristallisationsgefäß humaner und literarischer Ideale, hinterläßt ihr Leben auf dieser Erde eine leuchtende Spur.

In großer Liebe und Dankbarkeit:
Lelo Cécile Burkert-Auch geb. Burkert
Ruth Sentker geb. Georgii, Detmold

86497 Horgau bei Augsburg

Die Beerdigung im Familiengrab findet am Donnerstag, dem 23. Januar 1997, um 13.00 Uhr auf dem Friedhof in 72574 Bad Urach statt.

> Immer unvergessen
> # Hermann von Salza & Lichtenau
> – Edelmann mit aufrichtiger Gesinnung –
> † 29. Januar 2003
> ## M. Michael W

Manche brauchen etwas weniger Platz, um in Erinnerung zu rufen, dass wahrer Adel sich nicht in einem Titel erschöpft.

In den Anzeigen der Aristokratie wird ein feierlicher, gravitätischer Ton angeschlagen. Umso beträchtlicher ist die Fallhöhe, wenn sich ein sprachlicher Lapsus einschleicht und man den Herrgott gleich mitsterben lässt, wenn dieser »nach einem langen, erfüllten Leben« den Grafen von und zu E. zu sich genommen hat.

Ich bin bei dir alle Tage, bis an der Welt Ende.
(Matthäus 28)

Nach einem langen, erfüllten Leben nahm Gott der Herr unseren geliebten Vater, Schwiegervater und Großvater zu sich in sein himmlisches Reich.

Heinrich Graf von und zu Egloffstein

Vergelt's Gott – Pfüa Gott
Und für Euch no a letzt's Wort:
„Nur der Not koan Schwung lass'n!"

Konrad Albert Friedrich Franz
Graf von Pocci

8193 Ammerland, Gut Ried

8959 Hohenschwangau

8022 Grünwald, Geranienstr. 4 A

Christiane Gräfin v. Pocci
geb. Chrzanowski

Anna Maria Stanner
geb. Gräfin v. Pocci

Maria Cristina Comtesse v. Pocci

Im Mai 1985

Dass in adligen Anzeigen nicht immer der hohe Ton der angemessene ist, zeigt unser letztes Beispiel. Es ist einem Nachfahren des legendären »Kasperlgrafen« Franz von Pocci gewidmet, der als königlich bayerischer Oberstkämmerer zahlreiche Stücke für das Puppentheater verfasste. Ganz in seinem Sinne klingen die letzten Worte von Konrad Albert Friedrich Franz an die Nachgeborenen.

03

»Fußball war dein ganzes Leben«

Hobby und Freizeit

Wenn in Todesanzeigen die Hobbys des Verstorbenen gewürdigt werden, so gibt es dafür einen naheliegenden Grund: In einer Zeit, in der Beruf und Religion für viele an Bedeutung verloren haben, rücken mehr und mehr die mit heiligem Ernst betriebenen Freizeitaktivitäten an ihre Stelle. Dazu braucht es nicht einmal viele Worte, etwa wenn anstelle eines Kreuzes oder einer gebrochenen Rose das Emblem eines Fußballclubs auftaucht, dem sich der Verstorbene innig verbunden fühlte. So wie Hartmut T. dem Hamburger Sportverein. Wobei sich das Vereinswappen ohne Weiteres mit einem religiösen Zitat kombinieren lässt.

Von guten Mächten wunderbar geborgen,
erwarten wir getrost, was kommen mag.
Gott ist mit uns am Abend und am Morgen
und ganz gewiss an jedem neuen Tag.
D. Bonhoeffer

Hartmut T

* 22. Dezember 1958   † 17. September 2006

Anke
mit Eike, Imke, Paula und Sönke
Ewald und Erna
Gabi
und alle, die ihn kannten
und lieb hatten

Die bildliche Darstellung hat dazu den Vorteil, dass sich gleich zwei Hobbys als Blickfänger unterbringen lassen.

Siggi S

„Karle von Zwehren"

* 9. 8. 1954 † 24. 11. 1998

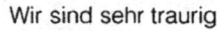

Wir sind sehr traurig:

Deine Biene
Deine Mutter Erika S
Dagmar und Dieter H
Günter, Marianne und Pitti R
sowie alle Angehörigen

Emanuel

Du gingst nun ein in Gottes Frieden,
tatest immer deine Pflicht,
mög' es der Himmel dir vergüten
im Schau'n von Gottes Angesicht.

Alfred

D

Emanuel Alfred Oliver G
* 4. 7. 1987 † 22. 11. 2001

In stiller Trauer:
Edgar, Veronique, Jenny und Pascale

Die Beerdigung findet am Donnerstag, dem 29. November 2001, um 14.00 Uhr, in Seltz statt. Von Beileidsbezeigungen am Grabe bitten wir abzusehen.

Beinheim

Oliver

Guy

Bei einer ausreichenden Anzahl von Vornamen lassen auch die sich noch als grafisches Element nutzen.

Fußball war dein ganzes Leben,
mit Fleiß und Gerechtigkeit hast du geschafft,
einen Freund wie dich wird's nicht mehr geben,
weil Gott dir nahm die letzte Kraft.

Wir nehmen Abschied von unserem Ehrenmitglied, Ältestenratsvorsitzenden und großzügigen Förderer

Friedrich W

geb. 3. 11. 1922   gest. 27. 4. 1996

In Ehrfurcht und Dankbarkeit:

1. Casseler Ballspiel-Club „Sport" 1894 e. V.

Die Trauerfeier findet am Freitag, dem 26. April 1996, um 13 Uhr auf dem Hauptfriedhof, Karolinenstraße, statt.

Andere Sportfreunde wählen lieber die lyrische Form, um dem ganzen Ausmaß des Engagements für die »schönste Nebensache der Welt« gerecht zu werden. Dabei lassen sich durchaus ebenso bürgerliche wie staatsmännische Tugenden rühmen, zumal wenn die Sache im Verein betrieben wird. Wie im Fall von Friedrich W.

Wie stark der Verein das Leben bestimmen kann, deutet sich auch in der folgenden Anzeige an. Die Dauer der Mitgliedschaft von Jörg H. müsste man biblisch nennen, wenn es zu Abrahams Zeiten Vereine gegeben hätte. Auch zeigt sich, dass im Fußballverein durchaus noch andere Hobbys gepflegt werden können.

" Ich wünscht es wäre Herbst im ganzen Jahr ! "

Die Jagd war Deine Passion,
das ist wohl war !
Gelebt hast Du, wie kaum ein anderer,
doch wunderbar dem Sport auch eng verbunden
und beim Skat gab´s manches Kontra

... wohl ... wohl

Wir trauern um unser Ehrenmitglied

Jörg H

Dipl.-Ing., Dipl.-Kfm

* 05.03.1941   † 19.08.2008

der unserem Verein über 60 Jahre die Treue hielt.

FC Windhagen 1923 e.V.

Otto H

geb. 19. 10. 1905   gest. 14. 7. 1979

Er starb wie gewünscht im Neckarstadion.

nter

Andere haben sich hingegen so sehr dem Fußball verschrieben, dass sie auch in ihrer letzten Stunde nicht davon lassen möchten.

»Grau is alle Theorie – maßgebend is auff'm Platz«, lautet eine der klassischen Einsichten des legendären Fußballtrainers Adi Preißler. Dass echte Fußballfans mit ihren Gedanken ebenfalls immer schön auf dem Spielfeld bleiben, zeigt die folgende Anzeige.

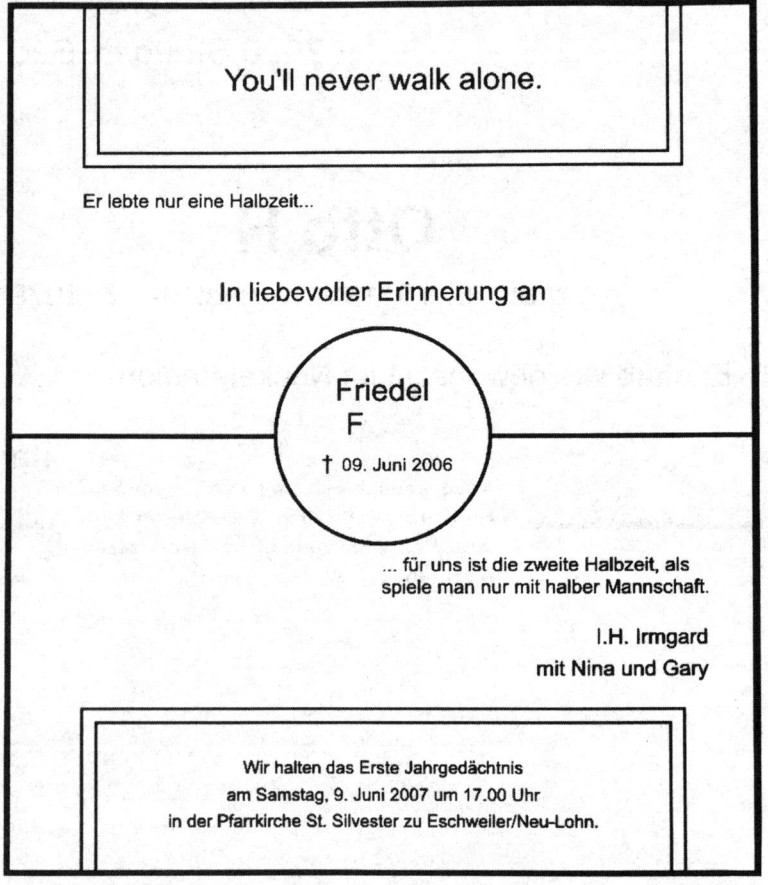

You'll never walk alone.

Er lebte nur eine Halbzeit...

In liebevoller Erinnerung an

Friedel
F
† 09. Juni 2006

... für uns ist die zweite Halbzeit, als
spiele man nur mit halber Mannschaft.

I.H. Irmgard
mit Nina und Gary

Wir halten das Erste Jahrgedächtnis
am Samstag, 9. Juni 2007 um 17.00 Uhr
in der Pfarrkirche St. Silvester zu Eschweiler/Neu-Lohn.

Welche Bedeutung dem Hobby beige-
messen wird, zeigt sich an einem weit-
verbreiteten Stilmittel: Selbstverständlich wird unterstellt, der Verstorbene
werde sein Hobby im Jenseits fortsetzen.
So wie der Golfspieler Joe S.

Joe S

spielt nun in einer anderen Welt.

Wir werden Dich sehr vermissen.

Im Namen aller Freunde von Semido
Irene S   und
Karl-Friedrich H

Dem »nimmermüden Golfer« Herbert L. ist diese Gnade hingegen
nicht beschieden. Dafür darf er in der »großen Kneipe« den jüngs-
ten Tag erwarten, womit vermutlich auf das zweite große Hobby
von L. angespielt wird. Zumal das eigentlich aus einem soldatischen
Umkreis stammende Motto zu vorgerückter Stunde auch gerne in
mancher Schenke angestimmt wird.

Ich hatt' einen Kameraden, einen bessern findst Du nit . . .

Herbert L
23. Juli 1909   2. September 1995

Ein „braver Bursche" hat sich zur großen Kneipe eingefunden, und ein
nimmermüder Golfer hat seinen letzten Putt gespielt.
Wir sind dankbar und traurig.

Wer glaubt, der Jäger sei ein Sünder,
weil selten er zur Kirche geht,
im grünen Wald ein Blick zum Himmel,
ist besser als ein falsch Gebet.

Ein letztes Halali wird erschallen
am 28. Oktober 2008 um 14.30 Uhr
in der Klosterkirche St. Martin in 55595 Sponheim.

Für den unvergesslichen Jäger vor dem Herrn

Alo Z

Oberregierungsrat a. D.

* 22. 1. 1925 † 14. 10. 2008

Die Jagd ist ein ebenso traditionsreiches wie zeitaufwendiges Hobby. Vom christlichen Standpunkt aus gilt sie bisweilen als nicht unbedenklich. Und so bezieht die Anzeige für Oberregierungsrat Alo Z., einem »unvergesslichen Jäger vor dem Herrn«, beherzt Stellung. Ehe zum letzten Halali geblasen wird.

Jagd vorbei! **Halali!** **Hahn in Ruh!**

In memoriam

Ludwig Z

Unser langjähriger, stets mit außergewöhnlichem Arrangement um seine Bläser bemühte Erste Hornmeister, aufrichtiger Kamerad und Kollege, hat uns für immer verlassen müssen. Insbesondere durch seine eigens für uns geschriebenen Kompositionen wird er bei seinen Bläsern unvergessen bleiben.

Dass die Jagd nicht allein aus niederen Instinktgründen erfolgt, sondern auch musikalisch ein Hochgenuss sein kann, verdeutlicht die Anzeige für Ludwig Z., die uns den Hörnerklang bereits vernehmen lässt.

Beschaulicher geht es zu, wo Fische ge-
fangen werden.

Gerne wäre er noch angeln gegangen!

Herbert S

* 16. 10. 1935   † 1. 4. 2003

Große Zuneigung zum Angelsport und
seinen Anhängern verrät auch die folgende Anzeige.

Nachruf

Sankt Peters heitere Gilde hat einen außergewöhnlichen
Menschen und einen wahren Freund verloren.

Ulrich R. S

† 30. 7. 1999

Tight lines

Prof. Dr. Milos Z

E. Dupon van H

Peter E

Roland R

James G

Tschechische Republik, Belgien, Irland, Helvetia
und Bayern.

Seid nett zu den Nichtanglern, es sind arme Leute.

Mitunter inspiriert die Angelkunst auch zu längeren lyrischen Einlassungen – vor allem wenn man das Hobby mit dem Verstorbenen teilt. So wie in dem nachfolgenden Beispiel Karl mit Karl.

Blitzend, aus einem schnellen Rausche steigend,
versucht die schöne Äsche meine Fliege zu erlangen.
Doch wo bist du?
Im dunklen Gumpen, wo du den Anbiß nur erahnen kannst,
jagt unsere Rotgetupfte meiner Nymphe nach.
Warum gingst du?
Und auch der Lachs, den du so oft erbeuten konntest,
vielleicht fang' ich ihn heut.
Denn nur mein Streamer reizt ihn in der tiefen Rinne.
Sag, wer ließ wen allein?
Der dumpfe Schmerz in meiner Seele,
den auch erahnte Nähe nicht zu lindern weiß,
wird fortbestehn, solange meine Gerte
die Schnur zum Fliegen bringt,
und das wird sein, solang' ich lebe.
Nie sag ich dir ein letztes „Petri Heil".
An allen Wassern werde ich dich grüßen.

Juli 1983

Karl für Karl

Auch im Namen all deiner Freunde

Aber auch dem Langstreckenlauf lassen sich ein paar Verse abgewinnen, wenngleich die Unterschiede von Lauf und Lebenslauf zumindest auf der Zielgeraden deutlich hervortreten.

Marathon gewinnen,
danach war sein Sinnen.
Davon hat er viel bestritten,
hat sehr oft dafür gelitten.
Auch auf seinem letzten Lauf,
gab er jahrelang nicht auf.
War er schon seinem Endziel nah,
die Medaille schon in Sicht,
erlosch dabei sein Lebenslicht.

Nach schwerer Krankheit verstarb mein geliebter Mann, Vater, Sohn und Schwager

Hans-Dieter M

* 23. 2. 1952 † 13. 6. 2005

Anschaulich und mit einem Hauch familiärer Selbstironie würdigen die Angehörigen in der folgenden Anzeige das Hobby ihres laufenden Familienmitglieds.

Das sportlichste Mitglied unserer Familie wurde von seiner Krankheit überholt.

Günther S

* 6. 2. 1929 † 7. 6. 2006

.... läuft nicht mehr!

In tiefer Dankbarkeit und Liebe nehmen Abschied seine Frau, Kinder, Enkel, Geschwister, Schwägerinnen und Schwäger, Nichten und Neffen

Hingegen ist bei der folgenden Anzeige für den unbefangenen Leser nur dunkel zu ahnen, was es mit dem ominösen Kilometer 32 auf sich hat, an dem Sportsmann Jürgen S. unvermittelt aus dem irdischen Marathonlauf ausgestiegen ist.

———————km 32 - der Marathon ist zu Ende.

Jürgen S   (*27. III. 1947)

Sportsmann
Macher
Fels in der Brandung
liebevoller Vater
wilder, starker Mann mit Schwächen

ist unvermittelt ausgestiegen.

Roman und Nora S
Sabine K

Manche Hobbys erlauben es, den Tod auf vertraute und doch ungewöhnliche Weise zu beschreiben und ihm damit einen Teil seines Schreckens zu nehmen.

NACHRUF

Grand-Hand verloren.

In Erinnerung an unseren Skatbruder

Ernst

Du hinterläßt eine nicht zu schließende Lücke.

In tiefer Dankbarkeit und ewiger Erinnerung:
Deine Skatbrüder

Für diese Zwecke besitzt offensichtlich das Kartenspiel besondere Vorzüge. Denn dabei geht es nicht nur um Gewinnen und Verlieren, sondern es lässt sich auch der Verstorbene selbst mit dem angemessenen Vokabular würdigen.

Ein Trumpf ging viel zu früh.
Wir trauern um unseren Skatbruder

Hinrich M

Der Verstorbene war seit dem 1. Februar 1969 Mitglied in unserem Klub. Sein Wirken wird uns stets Maßstab und Vorbild sein.

Skatclub Kreuz-Dame
Johann H
1. Vorsitzender

Wir nehmen Abschied von unseren Freund, Kameraden und Bruder

Herrn Georg H
(Junggeselle)

der durch einen schwerwiegenden Entschluß im blühenden Alter von 28 Jahren aus unserer Mitte in das „Joch der Ehe" gerissen wird.

In stiller Trauer:
1. Binokel-Club Ruit

Nicht ganz so pietätvoll zeigen sich die Kartenspieler des 1. Binokel-Clubs aus dem schwäbischen Ruit auf den Fildern, die sich ebenso frühzeitig wie humorig von ihrem Mitglied Georg H. verabschieden.

Traurig verabschieden wir uns von unserem Kegel-
bruder

Arnd H

Stets hat er sich mit wortloser Selbstverständlichkeit
für den Zusammenhalt in unserem Klub eingesetzt.

Rialo

Landläufig gelten Kegelbrüder als besonders laute und lebenslustige Gesellen –
gerade bei jenen, die diesem populären
Gaststättensport eher reserviert gegen-
überstehen. Umso eindrucksvoller gelin-
gen Kontraste wie in der Anzeige für den
schweigsamen Kegler Arnd H.

Helmut U
Major der Bürgergarde blau-gold

Mit einem stillen Alaaf
Bürgergarde blau-gold von 1904 e.V. Köln
Präsident Markus Wallpott

Noch stärker als die Kegler sind die Karnevalsvereine davon betroffen, dass man ihr Wirken mit einer Überdosis Frohsinn und guter
Laune in Verbindung bringt. Qualitäten, die dem Formulieren einer
Todesanzeige eher abträglich sind. Und doch gelingt es dem Präsi-
denten einer Kölner Bürgergarde, den närrischen Major Helmut U.
mit einem ungewöhnlichen, fast ein wenig anrührenden Gruß zu
verabschieden.

HORRIDO

Ein letzter stiller Gruß!

Heinz M

* 15. Juli 1929   † 20. September 2008

Die Reitergemeinschaft Ottoherscheid e. V.

Reiter sind zwar durchaus ernsthafte Menschen, doch auch sie haben ihre Gepflogenheiten, einem der Ihren mit einem ungewöhnlichen Gruß Lebewohl zu sagen.

Wir erfüllen hiermit die schmerzliche Pflicht, Ihnen von dem Ableben unseres Ehrenpräsidenten

Herrn Direktor Carl W

Kenntnis zu geben.

In Ehrfurcht und tiefer Trauer stehen wir an der Bahre des Verstorbenen, der sich ganz für den Schnauferlgedanken eingesetzt hat. Im vierten Jahrzehnt seines vorbildlichen Wirkens verkörperte er in lebendigster Weise und seltener Treue Tradition und Wollen des Allgemeinen Schnauferl-Clubs.

Unsere Achtung und unsere Dankbarkeit sichern ihm ein ewiges Gedenken in der Geschichte unseres Clubs.

Allgemeiner Schnauferl-Club

Präsidium

Hin und wieder stoßen wir auf Hobbys, die allein durch ihre Bezeichnung unsere Sympathie gewinnen. Auch und gerade wenn wir im ersten Moment gar nicht wissen, was eigentlich dahintersteckt. Wie beispielsweise beim »Schnauferlgedanken«, für den sich Ehrenpräsident und Direktor Carl W. »in lebendigster Weise«, ja sogar »ganz eingesetzt hat«. Sonst sind Gedanken doch eher etwas Flüchtiges. Was für ein Kaliber mag da der »Schnauferlgedanke« sein, der einen leibhaftigen Direktor vier Jahrzehnte lang nicht loslässt?

Österreichische Leser werden es wissen: Schnauferl ist eine andere Bezeichnung für Oldtimer, was angesichts der hehren Worte doch ein wenig ernüchternd ist. »Tradition und Wollen des Allgemeinen Schnauferl-Clubs« richten sich auf alte Autos. Aber wie viel liebevoller klingt doch »Schnauferl«. Ein »Oldtimer-Gedanke« wäre nun wirklich undenkbar. Und vom österreichischen »Schnauferlgedanken« ist der Weg nicht weit zur »Schweizerischen Liga gegen den Lärm«, deren Anliegen gewiss nicht weniger Unterstützung verdient.

Zürich, 30. Dezember 1986

TODESANZEIGE

Mit tiefem Bedauern haben wir vom tragischen Hinschiede von

Dr. Otto S

Rechtsanwalt
Geschäftsführer der Schweizerischen Liga
gegen den Lärm

Kenntnis genommen und möchten hiermit dem Verstorbenen für seinen unermüdlichen Einsatz im Kampfe gegen den Lärm unseren Dank aussprechen.

Schweizerische Liga gegen den Lärm
Zürcherische Liga gegen den Lärm
Association internationale contre le bruit

Auf Wunsch des Verstorbenen wird die Beerdigung
im engsten Familienkreis stattfinden.

Statt Blumen zu spenden, möge man der Martin-Stiftung,
8703 Erlenbach, PC 80-2598, gedenken.

Kehren wir noch einmal an den Anfang des Kapitels zurück. Nicht nur Fußballfreunden ist es gegeben, ihr Hobby grafisch darzustellen. Zumindest ebenso gut gelingt das bei Musikern, wie etwa dem Dixieland-Klarinettisten Horst L.

Wir trauern um unseren Freund

Horst L

Inge und Michael

Für einen Musiker noch naheliegender ist es jedoch, Noten sprechen zu lassen. Dabei ist offensichtlich Selbstkomponiertes, wie wir es in der folgenden Anzeige finden, eine Rarität. Jedoch werden Kenner in der abfallenden Melodielinie und dem Verzicht auf ein festes Taktmaß bereits eine gewisse Andeutung dessen entdecken, was der nebenstehende Text schon etwas deutlicher ausspricht.

Die Musik ist aus

In tiefer Trauer müssen wir von unserem

Julius R

Abschied nehmen. Er hat uns am 24. Februar 1996 im gesegneten Alter von 88 Jahren für immer verlassen.

Nicht immer wird das Hobby mit Wohl-
wollen betrachtet. Hat es gar zum Ableben maßgeblich beigetragen, können
auch drastische Worte fallen.

Thomas ›Crümel‹

6. MAI 1966 – 22. JULI 1984

SCHEISS MOTORRAD

MACH'S GUT, ALTER

Bitte weiße Blumen

**HEIDI
DANI
NORMAN**

In vergleichbaren Fällen nutzen die Hinterbliebenen in ihrer Anzeige die Gelegenheit, etwas klarzustellen.

Er hatte Vorfahrt!

Wir danken für die herzliche Anteilnahme
an dem schweren Schicksalsschlag, der uns durch den
nicht verschuldeten Unfalltod unseres lieben

Wolfgang W

getroffen hat.

Am Ende dieses Kapitels steht die Anzeige vom Studentischen Filmclub Marburg. Ein einziges Wort und ein Satz reichen aus, um dem Kinoliebhaber Gernot ein schlichtes, aber eindrucksvolles Denkmal zu setzen.

FIN

Wir trauern um Gernot.

Studentischer Filmclub Marburg

04

»Ein Uhrmacherherz hat aufgehört zu schlagen«

Berufliches

Todesanzeigen mit Bezug zur beruflichen Tätigkeit können als Klassiker dieses Genres gelten. Denn die ersten Todesanzeigen, die vor rund 250 Jahren in deutschen Zeitungen erschienen, waren keineswegs öffentliche Trauerbekenntnisse, sondern sie dienten einem recht nüchternen, nämlich kaufmännischen Zweck: Kunden und Geschäftspartner sollten darüber informiert werden, dass der Firmeninhaber verstorben war und wer die Geschäfte weiterführte. In dieser Tradition, zuallererst an die Geschäftsfreunde und Kunden zu denken, steht auch unser erstes Stück.

Wolfgang H

Getränke- und Anlagenservice

* 6. 11. 1942   † 3. 11. 1999

Wir bedanken uns
bei allen Freunden und Kunden
für jahrelange Treue.

In Trauer
Ehefrau
Kinder und Enkel

Manchmal gelingt es, einen sprachlichen Bogen zu schlagen zwischen der betrüblichen Nachricht und der beruflichen Tätigkeit. Wie beim Uhrmacher Karl V. aus Nürnberg. Dabei vermittelt die Grafik den Eindruck, V. werde sich künftig vom Himmel aus um den reibungslosen Betrieb von Sonnenuhren kümmern.

Ein Uhrmacherherz hat
aufgehört zu schlagen.

Wir nehmen Abschied von

Karl L. V

*28.02.1934   Uhrmacher & Juwelier   † 5.04.2006

Wie sehr ein Uhrmacher über den Tod hinaus zu wirken vermag, verdeutlicht die Anzeige von Werner E. aus der Schweiz, wo man ja seit jeher ein besonderes Verhältnis zu solide verarbeiteten Zeitmessgeräten pflegt.

Sein Herz ist stillgestanden -
doch seine Uhren ticken weiter!

Schmerzerfüllt, jedoch in tiefer Dankbarkeit für seine unendliche Liebe und Güte, nehmen wir Abschied von meinem geliebten Gatten, unserem herzensguten Daddy, unserem Schwiegerpapa, Schwager und Onkel

Werner E

Antik-Uhrenmacher

Er wurde kurz vor seinem 82. Geburtstag durch ein Herzversagen, mitten aus seiner geliebten Arbeit heraus, von seinem Schöpfer heimgeholt. Für all seine Liebe und alles, was wir gemeinsam mit ihm erleben durften, werden wir ihm ewig dankbar sein. Seine Güte und frohe Zuversicht werden immer in uns weiterleben.

Was dem Uhrmacher seine Uhren, das sind dem Elektrofachgeschäft seine Lampen. Kein anderer Artikel aus dem Sortiment ist besser geeignet, das Verlöschen des Lebenslichts zu veranschaulichen, das fünfzig Geschäftsjahre durchgebrannt hat. Außerdem lässt sich vom Lichtausknipsen elegant überleiten zur Reise, auf die sich Elektromeister Erwin W. anschließend begeben hat.

Ein ereignisreiches Leben ist zu Ende gegangen.

Erwin hat die Lampen in seinem Fachgeschäft nach 50 Geschäftsjahren abgeschaltet und sich nun auf die lange Reise zu seiner geliebten Ilse begeben.

Erwin W

Elektromeister

* 5. Juli 1914   † 15. Februar 2005

Wir werden ihn sehr vermissen.

Es muss nicht immer der Geschäftsinhaber sein. Auch für die Reinigungskräfte lassen sich anschauliche Formulierungen finden.

Er hat den Besen weggestellt.

**Die Kolleginnen und Kollegen
des Kaufhauses Woolworth**

nehmen Abschied von

Karl R

* 1. 11. 1914   † 26. 11. 2005

Wir werden ihm stets ein ehrendes
Andenken bewahren.

Aber auch als Eisenbahner begibt man sich auf die letzte Fahrt. Hier heißt die Devise am Ende allerdings korrekterweise: »Bitte alles aussteigen. Der Zug endet hier.«

Deine Fahrt ist hier zu Ende,
wir müssen leider aussteigen.
Gerne wären wir mit Dir weitergefahren,
aber Du hast Dein Ziel erreicht.

Gerhard E

* 3. 2. 1940   **† 14. 2. 2008**

Mein geliebter Mann, unser Vater, Schwiegervater und Opa ist nach schwerer Krankheit von uns gegangen.

Zu Lande, zu Wasser und auch in der Luft begeben sich Menschen in unseren Anzeigen auf ihre letzte Reise. Wobei Flugkapitän Hans B. am Ende immerhin noch einmal durchstarten darf.

*Zum letzten Start
wurde aufgerufen*

Flugkapitän

Hans B

Generalleutnant a. D.

Träger der Bayerischen Tapferkeitsmedaille
und vieler hoher Orden und Auszeichnungen des In- und Auslands

* 19. Juni 1897   **† 17. Februar 1993**

Weniger bewegt als vielmehr fest in der Tradition wurzelnd zeigt sich die Anzeige für Bäckermeister Hans-Hartmann W. Der Danksagung werden noch ein paar Verse mitgegeben, die in altbewährten Reimen das 300-jährige Jubiläum der Bäckerei gleich mitabfeiern.

DANKSAGUNG

Im Vertrauen auf Gott haben wir den liebsten Menschen zu Grabe getragen.

Bäckermeister

Hans-Hartmann W

Wir danken all den Menschen, die mit seiner Frau Gitti und ihrer großen Familie den letzten Weg gemeinsam gegangen sind.
Für die vielen Beweise herzlicher Anteilnahme danken wir.
Besonderen Dank an alle Pfarrer, die mir in der schweren Stunde des Todes beigestanden haben.
Hans-Hartmann W wird am kommenden Sonntag in der Stadtkirche zu Rauschenberg aufgerufen.

Brigitte W
Jan, Heidi, Oma Käthe
Anke, Gerald, Kathleen mit Familien

300 Jahre Bäckerei W

24. 11. 1668–1968

Gegründet vor 300 Jahr'
von einem jungen Bürgerpaar,
steht heute noch das Meisterhaus
und viele gingen ein und aus.
Wie viele, die man gut gekannt,
sie kamen her aus Stadt und Land.
Doch die Zeit vergeht –
und manches liebe Gesicht ist schon verweht.
Auch über des alten Hauses Schwelle
trugen Männer so manche liebe Last,
hinfort zu dem Großen, der alles gedeihen ließ
und alles schafft bis auf den heutigen Tag,
wo wieder ein junges Paar zurück mag denken,
wie einst es war.
In dessen Händen der Ahnen Segen liegt,
doch sollten sie bedenken, auf allen ihren Wegen,
sich regen bringt Segen,
doch an Gottes Segen ist alles gelegen.

Eine enge Verbindung zwischen Geschäftlichem und Persönlichkeit gibt es auch in unserer zweiten Bäckermeisteranzeige. Das freundliche Firmenlogo mit Kuchen, Bretzel und Bäckermütze stammt vermutlich ebenso aus eigener Herstellung wie die Konditoreiwaren. Gerade das macht die Anzeige so rührend.

Es ist ziemlich einsam
ohne dich.
Du fehlst uns sehr.

Nie mehr miteinander lachen oder weinen,
nie mehr einander berühren,
nie mehr miteinander spazieren gehen,
nie mehr ... sind zwei so endgültige Worte.

Günter

Konditor u.
Bäckermeister **HØRNER**

* 15. 9. 1942   † 22. 10. 2001

Nicht weniger sympathisch ist uns das rollende Markenzeichen von »Reifen Ochs«, das der folgenden Anzeige hinterlegt wurde.

Wir nehmen Abschied von unserer Seniorchefin

Erna Ochs
geb. Radtke

* 26.7.1921   † 22.6.2002

Sie hat mit viel Engagement und Herz, Mut und großem Willen einen Kasseler Familienbetrieb über Jahrzehnte durch alle Untiefen gelenkt.

Die Kinder
Rita Ochs
Gerhard Ochs
und alle Mitarbeiter

Reifen Ochs

Mit Untiefen ganz anderer Art befasst war der Tiefbau-Ingenieur Wilhelm H. Aus der Anzeige ist nicht nur zu erfahren, dass es so etwas wie eine »Abwasserwelt« gibt (die uns am anderen Ende der Wasserleitung wohl immer unzugänglich bleiben wird). Sondern dass es dort offenbar menschenfreundlicher zugeht, als man meinen möchte. Immerhin scheint es sich von selbst zu verstehen, dass der nicht mehr an seinen Schreibtisch zurückgekehrte Ingenieur dort bereits fehlt.

Wir trauern um unseren Seniorchef, meinen Vater und Mentoren

DIPL.-ING. WILHELM H

* 10. 3. 1925 † 9. 9. 2007

der 50 Jahre lang für uns, unsere Kunden, Partner und Kollegen mit fundiertem Fachwissen und schwäbischem Charme gesund und unermüdlich mit Freude an seinem Beruf im Einsatz war.
Er hat am Samstag seinen Schreibtisch verlassen - unerwartet endgültig.

Nicht nur die Abwasserwelt wird ihn vermissen.

Wir werden uns in seinem Sinne weiterentwickeln.

Dipl.-Ing. Martin H

Ingenieurbüro Dipl.-Ing. W. H

Beerdigung am Freitag, 14. September 2007, um 13 Uhr, Friedhof Ruit.
Anstelle von Blumen bitten wir die Diakoniestation Ostfildern mit einer Spende zu bedenken,
Konto 304 500 Kreissparkasse Esslingen (BLZ 611 500 20).

Auf den ersten Blick bleibt die folgende Anzeige vollkommen im Rahmen des Üblichen. Doch war der Verstorbene eine Kapazität auf dem Gebiet der Reproduktionsmedizin, die sich unter anderem mit künstlicher Befruchtung befasst. Vor diesem Hintergrund bekommt die trostreiche Formel »Er wird in unseren Werken weiterleben« eine völlig neue Bedeutung.

Wir trauern um einen lieben Freund und wertvollen Kollegen

Prof. Dr. med. Hanns-Kristian R

Unser Andenken gilt dem Mitbegründer unseres Institutes und einem Pionier der Reproduktionsmedizin.
Er wird in unseren Werken weiterleben.

PD Dr. med. A. R   **, Dr. med. H. L**   **, Dr. med. J. P**
sowie Partner und alle Mitarbeiter

HORMON ZENTRUM MÜNCHEN

Auch bei unserer zweiten Medizineranzeige ist es nur ein einziges Wort, das uns aufmerken lässt: Dass Chefarzt Jost S. bei Kollegen hohes Ansehen genoss, bleibt im Rahmen dessen, was wir bei einem solchen Anlass erwarten. Dass er aber auch von »Kostenträgern« nicht weniger geschätzt wurde, ist in diesem Zusammenhang ein eher zwiespältiges Kompliment.

Vom Tod unseres Chefarztes

Dr. med. Jost S

sind wir tief betroffen.

Wir haben einen liebenswerten Menschen, kompetenten und engagierten Rehabilitationsmediziner verloren, der sich vorbehaltlos für die Belange der Klinik, seine Patienten und Mitarbeiter eingesetzt hat.
Herr Dr. S   genoß bei Kollegen und Kostenträgern ein hohes Ansehen.
Er wird uns fehlen.

Im Unterschied zu den Medizinern genießt die Berufsgruppe der Pferdemetzger nur mäßige Anerkennung in der Gesellschaft – mit all ihren Kostenträgern. Verständlich daher, wenn das Motto in der folgenden Anzeige ein wenig unzeitgemäß und mürrisch daherkommt und dem Verstorbenen bescheinigt wird, »zu jeder Zeit« auch für genügend Leid gesorgt zu haben.

Laß nur den Alten schlafen,
er hat genug getan,
für Freud und Leid zu jeder Zeit,
jetzt fährt er in die Ewigkeit.

Es trauern um ihn
seine Kinder und Enkelkinder:
Günter H und Frau Erika,
geb. N
Karl N und Frau Ursula,
geb. K
Vlado S und Frau Ursula,
geb. N
Ferdinand N und Frau Helga,
geb. N
Frank H und Frau Susanne,
geb. N
Barbara, Patricia, Robert, Tomislav und Daniel

Roßschlachtermeister
und Pferdehändler
Ferdinand N
* 20. 4. 1909   † 30. 1. 1982

Kassel,
Die Beerdigung findet am Donnerstag, dem 4. Februar 1982, um 9.45 Uhr von der Hauptfriedhofskapelle Kassel, Karolinenstraße, aus statt.
Von Beileidsbesuchen bitten wir abzusehen.

Steuerberater stehen demgegenüber nicht in dem Ruf, hienieden ihr Brot mit Tränen zu essen, auf dass ihnen im Himmel gegeben werde, was sie im irdischen Kampf mit den Steuergesetzen und den Anlagen KAP, V und SO entbehren mussten. Doch man kann sich irren, wie das folgende Beispiel zeigt.

**Arbeit war Dein Leben,
den Lohn bekommst Du im Himmel.**

Unvergessen

**Es war schön,
einen Teil des Lebens mit Dir gemeinsam zu gehen.**

Martin K

Steuerberater

In unserer zweiten Steuerberateranzeige finden sich gleichfalls unerwartet religiöse Motive – wenn auch nicht unbedingt in ihrem ursprünglichen Sinn. So kann man beinahe von einer Himmelfahrt des Steuerberaters Christian S. sprechen. Zumindest wacht er als höhere Instanz darüber, dass bei Mandant Albert M. auch künftig alles wohlgetan ist.

Wir sind nur Gast auf Erden und wandern ohne Ruhe.

Tief erschüttert habe ich nach meinem Urlaub vom Tod meines langjährigen Steuerberaters

Christian S

erfahren, der am 5. Juni 2004 im Alter von 54 Jahren verstorben ist.

30 Jahre warst du mein Steuerberater.
Unsere gemeinsame Begegnung vor vielen Jahren in Brasilien war für mich ein besonderes Erlebnis.

Vom Himmel aus wirst du jetzt auf meine Arbeit schauen und in deinem Sinne werde ich weiterhin alles bestens ausführen.

Ich werde dich nie vergessen.

**Auf Wiedersehen – dein Mandant
Albert M**

Sein Leben gehörte der Geschichte Hessens.
Der Tod nahm ihm die Feder aus der Hand.

Regierungsoberarchivrat
Dr. phil. Dr. iur. h. c.

Karl Ernst D

* 6. April 1909 in Apia/Samoa
† 30. Juni 1990 in Lindheim/Hessen

Ingeborg D

Im Namen der Familie
Professor Dr. Alexander D

6472 Lindheim,

Trauerfeier am Freitag, dem 6. Juli 1990, um 14.00 Uhr in der Lindheimer Kirche. Anschließend
Beerdigung auf dem Lindheimer Friedhof.
Statt Blumen bitten wir um eine Spende für den Malteser Hilfsdienst, Pax-Bank, BLZ 551 601 95,
Kontonr. 4001155011.

Und doch sind die pathetischen Worte kein Privileg der steuerberatenden Zunft. So bekommt man als höherer Beamter vom Tod persönlich die Feder aus der Hand genommen – geradezu wie ein Dichterfürst. Vor diesem Hintergrund mag man sich vorstellen, wie Regierungsoberarchivrat Karl Ernst D. in eigener Person die Geschichte Hessens geschrieben hat.

Wenden wir uns der Literatur im engeren Sinne zu, so liegt es nahe, der Anzeige eine Kostprobe aus dem Œuvre beizugeben. So ist es beispielsweise bei der Schriftstellerin und Schauspielerin Bettina S. aus Hattingen im südlichen Ruhrgebiet, deren nicht untheatralische Vorliebe für das Mittelmeer sich in dem klassischen Ausruf »Thalatta, thalatta!« Bahn bricht.

Thalatta, Thalatta!
Mich umleuchtet das Mittelmeer,
mich umweht sein Atem, sein Geist

Bettina S

Schriftstellerin, Schauspielerin
20. November 1891 – 20. Oktober 1994

Ein fast bis zuletzt von Arbeit geprägtes geistiges Leben fand ein sanftes Ende.

Schriftsteller und Schauspieler leben nun einmal in ihrer ganz eigenen Welt. Dies belegt auch die Anzeige von Heinrich S., der ein Glaubensbekenntnis der etwas anderen Art ablegt.

Ich glaube
an Sophokles, Shakespeare und Tschechow,
an das Geheimnis von Lachen und Weinen,
an die Erlösung von allem Übel durch das Spiel
und an die Sendung der Masken;
einige habe ich getragen.
Amen

Heinrich S
Schauspieler
8. 10. 1917   15. 6. 2002

Weit nüchterner geht es hingegen in manchen Anwaltskanzleien zu. So verzeichnet die folgende Anzeige mit buchhalterischer Strenge die Kalenderwoche, in der Rechtsanwalt Guntram F. abberufen wurde.

Mit großer Betroffenheit geben wir bekannt, dass

Herr Rechtsanwalt Guntram F

in der 10. KW unerwartet im Urlaub verstorben ist.

Mit Herrn Rechtsanwalt F   verlieren wir einen hoch geschätzten exzellenten Juristen, einen sachkundigen und stets hilfsbereiten Kollegen, Mitarbeiter und Freund.
Wir danken ihm, dass wir 20 Jahre mit ihm zusammenarbeiten durften.
Es waren schöne und erfolgreiche Zeiten.
Wir werden Herrn Rechtsanwalt F   immer als aufrichtigen und lieben Kollegen und Menschen in Erinnerung behalten.

Kanzlei I.   **und Kollegen**

Gleichfalls aus einer Anwaltskanzlei stammt die folgende Anzeige, die zu unseren ausgesuchten Lieblingsstücken gehört. Sie ist der Bürovorsteherin Irma J. gewidmet und bringt die Sache in vier Worten auf den Punkt. »Eine Institution ist abgetreten.« Mehr braucht nicht gesagt zu werden. Denn wie viel Anerkennung und Respekt liegt in diesen vier knappen Worten!

Eine Institution ist abgetreten.

Wir trauern um unsere Bürovorsteherin

Frau Irma J

Gerhard K   Wolfgang K
Rechtsanwalt und Notar a. D.   Rechtsanwalt und Notar

Auch wenn es manchmal in Vergessenheit gerät: Auch Traueranzeigen sind Anzeigen – und zwar solche, die aufmerksam gelesen werden. Damit eignen sie sich vorzüglich zu Werbezwecken – finden zumindest manche Unternehmen, die ihren Namen bei dieser Gelegenheit gar nicht oft genug ins Spiel bringen können. Das kann man ihnen gar nicht verdenken, wenn sie einen Namen tragen, der für Todesanzeigen wie gemacht zu sein scheint, wie die neue leben Versicherungen.

Mit großer Trauer haben wir zur Kenntnis nehmen müssen, dass Herr

Dr. jur. Paul W

am 20. März 2007 verstorben ist.

Herr Dr. W war Mitglied der Aufsichtsräte der neue leben Holding AG, der neue leben Lebensversicherung AG, der neue leben Unfallversicherung AG, der neue leben Pensionskasse AG und der neue leben Pensionsverwaltung AG.

Herr Dr. W stand unseren Gesellschaften stets mit wertvollem Rat zur Seite und konnte aufgrund seiner großen Erfahrung und seines umfangreichen Fachwissens entscheidende Anstöße geben, die zum Erfolg der neue leben-Gesellschaften beigetragen haben.

Wir werden Dr. W. stets als besonnen und hochgeschätzten Berater der neue leben-Gesellschaften in Erinnerung behalten.

Unsere aufrichtige Anteilnahme gilt seinen Angehörigen.

neue leben Versicherungen

Unser langjähriger und treuer Mitarbeiter, Herr

Karl M

ist plötzlich und unerwartet von uns gegangen.

Der Verstorbene war über 25 Jahre im Außendienst unseres Unternehmens tätig und hat sich mit unermüdlicher Einsatzfreude um unser Haus besonders verdient gemacht.

Ein treues Gedenken ist dem Verstorbenen jederzeit sicher.

M a n n h e i m , 8. Februar 1966

HABERECKL-BRAUEREI

A. D

Geschäftsleitung, Betriebsrat und Belegschaft

Feuerbestattung: Freitag, den 11. Februar 1966, um 14 Uhr im Krematorium Hauptfriedhof Mannheim.

Es ist doch tröstlich zu wissen, dass man an seiner Arbeitsstelle nicht so schnell in Vergessenheit gerät. Doch ist das in unserer schnelllebigen Zeit keineswegs sicher. Deshalb geben sich die Firmen alle Mühe, gegen Ende ihres Anzeigentextes zu versichern, dass der Verstorbene in Erinnerung bleiben werde. Und zwar dauerhaft und positiv. Dabei scheint beides kaum möglich, zumindest nicht bei ein und derselben Person. In den guten alten Zeiten war das alles noch ganz anders, wie die obige Anzeige belegt. Im Bedarfsfall konnte Brauereimitarbeiter Karl M. jederzeit mit »treuem Gedenken« rechnen – auch wenn nicht anzunehmen ist, dass er davon allzu regen Gebrauch gemacht hat.

Wer mit Schiffen befasst ist, für den endet mit dem Tod die große Lebensfahrt. Dabei überträgt die Anzeige für Schiffsingenieur Arnold B. dessen Lebensenergie sehr anschaulich auf den Schiffsmotor.

Seine Devise lautete stets: "VOLLE KRAFT VORAUS."
.... bis die schwere Krankheit ihn ereilte.
Ab jetzt heißt es: "ALLE MASCHINEN STOPP."

Es war ein langer Abschied

Arnold B

Schiffsingenieur

* 15. 2. 1935   † 26. 10. 2003

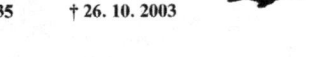

In stiller Trauer

Manchmal sind es auch die Angehörigen, denen die treffenden Worte über den Beruf in den Sinn kommen. So findet sich in der folgenden Anzeige eine hübsche Miniatur über einen engagierten Musiklehrer.

Aus Kindern mit Zahnlücken machte er begeisterte Musiker, eine schwere Krankheit beendete sein Wirken als Musiklehrer. Die Ärzte gaben ihm 5 Jahre, er machte daraus 13 Jahre, die er bewundernswert ertrug. Die himmlischen Musiker bekommen jetzt intensive Verstärkung.

Frank-Werner W

* 27. 7. 1946   † 25. 4. 2003

Traurig nehmen wir Abschied von meinem geliebten Mann, liebevollen Papa, kleinen Bruder und verständnisvollen Onkel.

Unter Tage spielte
sein eigentliches Leben.
Glück auf, Papa!

★ 15. August 1931

Bernhard H

Am 7. April 2001 starb
nach langem Ringen mit jedem Tag
Bernhard H
Vater von acht Kindern,
Einzelgänger,
Bergmann i. R.

Wir kannten ihn ein wenig:
Maria H   (†)
Heinz Hermann Maria H
Bernhard Alfons Maria H
Franz Josef Maria H
Maria Theresia H
Simone Dorothea Maria H
Antonius Maria H
Vinzenz Maria H
Anna Maria K   geb. H

die Verwandten und Kumpel.

Er war ein einfacher,
wahrscheinlich einsamer Mann.

Aus ganz anderen Gründen berührt uns
die Anzeige über den Bergmann Bernhard H. Offenbar hat der »einfache,
wahrscheinlich einsame« Mann zeit seines Lebens niemanden an sich herange-
lassen.

Für Außenstehende womöglich ebenso schwer zugänglich sind die Computerspezialisten, die sogenannten »Nerds«, und ihre Programmiersprachen. Eine originelle Annäherung versucht die folgende Anzeige, die dann doch alles Wesentliche mitteilt.

Axel S

* 29. 1. 1953   † 1. 2. 2006

```
(defun memory (/)
 (setq Name    "Axel S
     date_of_birth "29.01.1953"
     center_of_life "Kassel"
     Herz    'T
     )
 (while Herz
   (repeat 53
    (apply
    'strcat
    (mapcar
     '(lambda (x)
       x
       )
     (list
       "Sein Leben machte uns reich."
       "Thanks for all – we'll never forget you"
       )
     )
    )
    )
 (alert "Buffer overflow!")
 (satq Herz NIL)
 )
 (command „apploed" Axel_2_Heaven "01.02.2006")
 )
```

für alle: Bettina M

In die Welt des Verstorbenen einzutauchen versucht auch die folgende Anzeige. Dabei erschließt sich die Bedeutung der einzelnen Stichwörter und Redensarten nicht unmittelbar. Und doch bekommt man einen Eindruck, was das für ein Typ gewesen muss, der schnodderige Grafiker Jörg H., den sie liebevoll »Häschen« nannten.

Sag' mal Mädel, wo bleibt mein Obst?

Unvorbereitet und traurig nehmen wir zur Kenntnis, dass

Jörg H
Grafiker

seinen Erfolg nicht weiter verfolgen kann.

Mir doch egal, Sackpfeiffen, eloquenter braungebrannter, Bornholm, Mallorca, Timo, meine »Geliebte«, Pellworm, Reichelt, Tesa, TippEx, in die Mulle, Lux, Tagesspiegel, Zwetschen oder Zwetschgen –, Mensch, schreib' einfach Pflaumen, Scantext, Pinsel und, und, und . . . Häschen, Du fehlst!

Die letzten Worte in diesem Kapitel sollen dem Schwimmmeister von Lauenstein, Toni C. gehören, der damit nicht nur jeden Tag seine Badegäste verabschiedete, sondern auch zu unserem nächsten Kapitel überleitet, das den Selbstanzeigen gewidmet ist.

Auf Wiedersehen...

der Schwimmmeister von Lauenstein geht nun für
immer schlafen und
verabschiedet sich mit seinem alltäglich gesagten Satz:
,,Liebe Leute, Schluss für heute!"
Ich danke allen Badegästen für die jahrelange Treue und
die wunderschönen Stunden.

Toni C

05

»Nun wink ich Euch zum Abschied runter«

Selbstanzeigen

In diesem Kapitel wenden wir uns einer etwas eigentümlichen Spielart der Todesanzeigen zu, den Selbstanzeigen. Hier ergreift der Verstorbene selbst das Wort, um die betrübliche Tatsache seines Ablebens mitzuteilen und der Nachwelt eine letzte Botschaft oder noch ein paar gute Wünsche zu hinterlassen. Dies kann höflich distanziert geschehen wie bei Ilse K. aus Wedemark bei Hannover.

Ilse K

geb. G

* 15. 2. 1927   † 1. 8. 2006

Hiermit verabschiede ich mich von
allen Freunden, Bekannten und Verwandten.
Ich wünsche allen eine schöne Zeit.

30900 Wedemark

Die Urnenbeisetzung findet in aller Stille statt.

Bestattungsinstitut Knoke, Bissendorf, Tel. (0 51 30) 87 38

Jutta L. aus München hält ihre letzte Mitteilung noch knapper, wobei man ahnt, dass ihr letztes Stück Weg nicht leicht zu gehen war.

✝

Endlich habe ich es geschafft.
Auf Wiedersehen

Jutta L

geb. K

* 17. 2. 1962   † 25. 11. 2003

Kim, Michael, Axel und Doris

Die Trauerfeier ist am 1. Dezember 2003 um 14.30 Uhr auf dem Westfriedhof. Die Beisetzung findet zu einem späteren Zeitpunkt in München statt.

Unmittelbar auf den Punkt kommt Klaus A. aus Stuttgart.

Ich bin tot.

Klaus A

† 26. 12. 2002

Roland J. aus Zürich gibt eine Adress-
änderung bekannt ...

CH-8032 Zürich
Kreuzstrasse
Diana A
Roland J

Ich bin umgezogen

Roland J

14.8.1950–5.1.2006

Meine neue Adresse ist:
Friedhof Rehalp, Forchstrase 384, 8008 Zürich
Urnen-Reihengrab 4276.

Über Besuche freue ich mich.

Ich bin dann mal weg ...

Bernhard L

* 19. 3. 1928   † 24. 12. 2006

Anstelle zugedachter Kranz- und Blumenspenden
bitten wir um eine Zuwendung an den
Kölner Schutzhof für Pferde, Volksbank Köln Nord eG,
Konto 1 001 523 011, BLZ 370 694 29,
Kennwort: Wildfang & Balthasar

... während Bernhard L. aus Köln seine
letzte Botschaft einem bekannten Buch-
titel entlehnt hat.

Und doch neigt nicht jeder, der eine Selbstanzeige formuliert, zur Kurzmitteilung. Häufiger lässt sich das Gegenteil beobachten. Wer sich schon die Mühe macht, persönlich Lebewohl zu sagen, der verliert dann schon ein paar mehr Worte. So wendet sich beispielsweise Martin S. mit Bild an die Nachwelt und nutzt die Annonce für einige grundsätzliche Anmerkungen über das Leben und den Tod.

Ungewöhnlich

ist es sicherlich, wenn ich mich noch einmal an alle Freunde wende und an die Menschen, die mir einmal begegnet sind.

Unser aller Leben geht einmal zu Ende - so auch das meine.
Wenn Sie diese Zeilen lesen, habe ich längst zum letzten Male tief und vernehmlich geatmet.

Fertig sind wir nie und trotzdem müssen wir abtreten.
Niemand kann sich den Zeitpunkt auswählen. Und so ist es gut, sich zur rechten Zeit darauf vorzubereiten, um nicht arg überrascht zu werden.

Bedanken will ich mich bei allen Menschen, die einmal meinen Weg kreuzten - im Guten und im Nichtguten. Vielleicht haben Sie heute Nachsicht mit mir und meinem mir in die Wiege gelegten Temperament sowie meiner Veranlagung.
Meine hektische Eile und mein manchmal notwendiges, wenig nachgiebiges Durchstehen haben sicher manchen verprellt.

Doch lebt nicht jeder nach seinem eigenen Gesetz?
Wer seinen klaren, ihm aufgezeigten Weg geht, hat nicht allzu viele Freunde; und um sich aus eigener Kraft aus dem endlosen Meer der Namenlosen herauszurecken, muss man sich ein Leben lang bemühen und anstrengen.

Ein in Vernunft und mit Verstand gelebtes Leben hat seine fest gefügte Ordnung.
Oft genug und weit genug war ich davon entfernt.
Die vielen kleinen Unordentlichkeiten sowie Unberechenbarkeiten in so vielen Stunden und Tagen, die das Dasein erst so lebens- und liebenswert machten und mir die Menschen so nah brachten, waren gleichwohl Versäumnisse; trotzdem durften sie in meinem bewusst gelebten Leben nicht fehlen.

Ich hoffe, trotz allem einen gütigen und verständnisvollen Richter zu finden - denn nach christlicher Erkenntnis ist am Ziel unseres Erdenlebens unser Sein noch nicht zu Ende.

Martin S

Ähnlich umfangreich fällt die letzte Botschaft von Renate H. aus Berlin aus. Sie hofft jedoch nicht wie Herr S. auf einen gütigen Richter, sondern wird in den höheren Sphären bereits erwartet. Zudem bekommt Frau H. eine eindrucksvolle Namensliste all jener zusammen, von denen sie sich noch nicht verabschieden konnte (»stellvertretend nenne ich hier Carl-Wolfgang«). Man wagt gar nicht daran zu denken, wie ein vollständiges Verzeichnis ausgesehen hätte – mit all jenen, die sich hinter dem Stellvertreter Carl-Wolfgang verbergen, und all denen, die Frau H. erreicht hat. Schwer zu übertrumpfen sind auch ihre abschließenden Worte, die sie nicht zufällig der Welt des Musicals entborgt hat. Sie fordert ihre Hinterbliebenen auf, ihre Tränen zurückzuhalten, um sie Bedürftigeren zufließen zu lassen.

✝

14. 10. 1902
Ich habe
nicht mehr viel Zeit
in dieser Welt.
Bald habe ich
sehr viel Zeit.
11. 12. 1987

Der HERR hat mich – erwartet – abberufen.

Von all denen, die ich nicht mehr erreichen konnte, möchte ich auf diesem Wege Abschied nehmen, als da sind

mein über alles geliebter Weggefährte Olaf (H   ), meine stets in Liebe getragenen Brüder, Paul, Siegfried und Hans mit ihren Familien und Malwine, Olafs Kinder, stellvertretend nenne ich hier Carl-Wolfgang, Olafs Schwestern und Kinder, für alle nenne ich hier Marilene und Lieselotte. Nicht zuletzt aber schließe ich alle die lieben Freunde ein, die nicht vor mir gegangen sind, und jene, die mir den Weg schon bereitet haben.

Weint nicht um mich, Ihr Lieben. Weint um die, die nicht soviel Liebe und Zuneigung wie ich erfahren durften, und gebt ihnen ab, so Ihr von meiner Euch zugewendeten Liebe übrig habt.

Immer Eure, von Euch gegangene,
wenn auch Euch nie verlassende

Berlin / Dresden /
Eichenau / München   **Renate H**

Wir treffen uns ein letztes Mal am Donnerstag, dem 17. Dezember 1987, um 14.00 Uhr in der Kapelle auf dem Städtischen Friedhof Zehlendorf, Onkel-Tom-Straße 30, 1000 Berlin 37

In die gleiche Gewichtsklasse gehört die Anzeige von Johann A., die zusätzlich noch mit ansprechenden grafischen Elementen geschmückt ist. Herr A. kündet von einer regelrechten Himmelfahrt, die er assistiert von seinem Sohn (einem »Berater in allen Bereichen«) angetreten hat. Von dort gibt er seinen Hinterbliebenen ebenfalls deutliche Anweisungen für ihre Trauerarbeit. Wie sich vor allem dem Postskriptum entnehmen lässt.

Was ich sagen wollte:

*Mir ist aufgefallen,
daß ich jetzt näher dran bin.*

Am Himmel.

So hoch bin ich noch nie hinausgekommen.

GT

Da wir uns nun schon einmal in höheren Sphären bewegen, darf hier die Nachricht von Gunther T. nicht fehlen, bei der man allerdings gerne wüsste, durch welche telepathischen Kanäle sie der Anzeigenabteilung zugeleitet wurde.

Gunther T

*1961   1993
Kassel   Berlin*

GÖTTLICHER GEIST
IST DIE STRUKTUR
MEINES LEBENS.
ICH BIN IN SICHERHEIT
UND GELIEBT
UND VOLLKOMMEN UNTERSTÜTZT.

Selbstbewusste, aber nicht minder trostreiche Worte aus dem Jenseits sendet
Architekt Gundolf K. aus Stuttgart De-
gerloch.

GUNDOLF K
ARCHITEKT
25.08.1943 – 21.07.2007

In Liebe Deine Gudrun

Auch Elke M. erstattet posthum Bericht
aus jener Welt, die uns Lebenden bis auf
Weiteres verschlossen bleibt.

Elke M

Heute am 11. Mai 2006 um 13.05 Uhr habe ich glückstrahlend und erfüllt mit
Dankbarkeit diese Welt verlassen.

Demütig stehe ich vor meinem neuen geistigen Leben, in dem ich weiter lernen und
wachsen werde in der Obhut meines allmächtigen Gottes. Lange schon habe ich
dieses Hinübergehen in meine neue Heimat erwartet, es ist die Erfüllung meiner
Sehnsucht und Träume.

Ich danke allen Menschen, die mein Erdenleben begleitet haben, ganz besonders
meinem Mann Wolfgang S   und meinem Sohn Carsten M   und meinen
engsten Freunden.

Das Freudenfest meiner körperlichen Beerdigung haben meine Familie und meine
Freunde mit mir begangen.

Unser Tod ist kein Tod sondern eine Geburt in die geistige göttliche Welt.

Ganz irdisch und damit weit weniger »glückstrahlend« präsentiert sich Horst W., der bei dieser Gelegenheit nicht nur die Existenz von Krieg und Frieden konstatiert, sondern auch den Verfall von Sitte und Moral. Umso erstaunlicher, dass er seinen Erinnerungen gerne noch einige »hinzugefügt« hätte. Aber vielleicht bieten ja gerade Zeiten sittlich-moralischen Verfalls Stoff für manch angenehme Erinnerung.

> Die Zeit meines irdischen Daseins ist abgelaufen. Eine Zeit geprägt von Kriegen, Frieden und Verfall von Sitte und Moral.
>
> Auch wenn ich meinen Erinnerungen gern noch einige hinzugefügt hätte, danke ich dem Schicksal und allen, die mich auf meinem Wege ein Stück begleitet haben.
>
> ## Horst W

Einen nachdenklich-selbstkritischen Reim auf das eigene Leben macht sich hingegen Fred I., dessen Beiname den Versen eine geheimnisvolle Note verleiht.

> Einst war ich ein Baum
> ich wurde zum Bäumchen
> und dann zum Blatt
> das nur noch grüne Farbe
> aber keine Kraft mehr hat
> Ole-wie war ich stolz
> ich war aus hartem Holz
> Glaubte ich!
> und nun frage ich mich
> was hab ich in mir gesehen
> war es Eitelkeit-
> und ist es jetzt soweit
> komme ich der Wahrheit näher?

FRED I

(Chinese)

Es ist vollbracht!

Liebe Freunde,

nun folge ich meiner innigst geliebten Frau Margot.

In unendlich großer Dankbarkeit bin ich mit meiner Frau verbunden, die in ihrem ganzen Leben, unter Zurückstellung ihrer eigenen Wünsche und Bedürfnisse, bis zur letzten Sekunde ihres irdischen Daseins immer zuerst alle ihre Kräfte für uns, ihre Angehörigen und Freunde, eingesetzt hat. An sich selbst dachte sie immer zuletzt.

Wie immer, gehen nun auch meine letzten Gedanken zu ihr, und ich danke dem Schicksal, daß ich über 45 Jahre mit einer so lieben, wunderbaren, schönen, treuen und fürsorglichen Frau verbunden sein durfte.

Wir lebten nicht nur glücklich miteinander, sondern

wir lebten füreinander!

Aber meine letzten Gedanken gehen in großer Dankbarkeit auch zu Euch, meine lieben Freunde, denn Ihr habt uns jahrzehntelang die Treue bewahrt und uns geholfen, unsere Leiden in den schwersten Stunden unseres Lebens zu lindern.

Ihr habt mich davon überzeugt, daß es im Sinne meiner Frau war, weiter zu wirken.

Ich danke Euch auch, daß Ihr weiterhin immer in treuer Freundschaft zu mir gehalten habt.

Ich wünsche Euch viele, viele Jahre in Glück, Freude und Zufriedenheit, bei bester Gesundheit und verbleibe in Dankbarkeit bis an das Ende aller Zeiten.

Euer

Kurt Komur

(Kurt K   )

Keine Angst vor großen Worten kennt Kurt K., der seine Todesanzeige sogar noch eigenhändig unterzeichnet hat wie einen persönlichen Brief. Und so ist es eigentlich nur folgerichtig, wenn Herr K. am Ende mit guten Wünschen in Dankbarkeit verbleibt »bis an das Ende aller Zeiten«.

Ebenfalls an seine Freunde wendet sich Rolf Louis W., genannt »Bubu«, eine Rotlichtgröße aus dem Ruhrgebiet. Seine letzte Botschaft fällt erwartungsgemäß etwas anders aus. Und die Abschiedsparty, zu der er hier die nötigen Instruktionen gibt, soll in jeder Hinsicht rauschend gewesen sein. Mit Motorrädern, Dixieland-Band und muskulösen Rockern als Sargträger.

Ich höre auf zu leben, aber ich habe gelebt.

... Und wie ich gelebt habe ...!

Ich, Euer Bubu, bin nun tot.

Mein Leben war wie ein Theaterstück:
Irre, bunt und immer verrückt.
Wie lang es war, ist ganz egal,
denn es war einfach wunderbar!

Nun meine letzte Bitte hier in Eure Mitte:
Trinkt, feiert und tanzt in meinem Sinne!
Auf dass meine letzte Milchkanne leer wird!

Meine Gedenkfeier findet am Samstag, dem 30. September 2006,
um 9.30 Uhr in der Kreuzeskirche in Essen-Mitte statt.
(Kreuzeskirchstraße / Weberplatz, 45127 Essen)

Anschließend erfolgt der Gang zu meiner Beisetzung um 11.30 Uhr auf dem Parkfriedhof in Essen.
(Am Parkfriedhof 33, 45138 Essen, Alte Halle, Sammelplatz vor dem Teich.
Eventuell zugedachte Blumen und Kränze bitte dort hinbringen, nicht in die Kirche.)

Damit meine Gäste keinen Stress mit der Parkplatz-Suche in der Innenstadt an der Kreuzeskirche haben,
stehen Euch von 8.30 Uhr bis 9.00 Uhr Extra-Pendel-Busse am Parkfriedhof vor der Alten Halle zur Verfügung,
die Euch pünktlich zur Gedenkfeier und wieder zurück dorthin zur Beisetzung bringen werden.

Doch gibt es auch Menschen, die nicht so stark auf die Pauke hauen und sich ebenfalls von ihrem Freundeskreis verabschieden möchten. So wie Rüdiger G. aus Berlin. Von diesem großherzigen Kreis darf allerdings angenommen werden, dass er deutlich anders geartet ist als der von »Bubu«.

Russian balalaika

Mein Leben für die Balalaika.
Ich danke dem deutsch/russischen Freundeskreis mit grossem Herzen für die unvergesslich schöne Zeit.

Rüdiger G

Ganz als Mensch präsentiert sich Peter F. aus dem badischen Rastatt, der sich »erhobenen Hauptes« von seinen Freunden verabschiedet.

Ich ging nicht gerne, aber ich ging erhobenen Hauptes.

Peter F
– Mensch –
* 17. 7. 1941   † 24. 2. 1995

Ade, liebe Freunde,
genießt heute,
morgen kann es zu spät sein!

Euer

Wir trauern nicht, er wird in uns weiterleben.

Im Namen aller Angehörigen:
Ingrid F

Rastatt
Offizielle Verabschiedung ist am Mittwoch, dem 1. März 1995, um 14.30 Uhr, auf dem Waldfriedhof.

PS: Ich will keine „Beerdigungs-Kleidung" sehen.

> **Ich habe es geschafft!**
>
> Allen will ich danken, die mir halfen, das Leben zu bereichern und zu verschönern. Diejenigen, denen ich unrecht getan haben sollte, bitte ich um Verzeihung.
>
> Grüße an alle und à bientôt.
>
> # Elisa H
> geb. J
> * 11. Juni 1925   † 13. August 2003

Von Dankbarkeit und der Bitte um Vergebung ist die Anzeige von Elisa H. getragen. Allerdings bekommt ihr freundschaftlicher Abschiedsgruß »à bientôt« einen leicht bedrohlichen Unterton. Denn er bedeutet nichts anderes als »bis bald«.

> # Ich lebe noch!!
> ## Erika R
> * 31. 1. 1931
> , Tel. 0 72 22/

Besonders dringlich scheint es geboten, vom Mittel der Selbstanzeige Gebrauch zu machen, wenn der vermeintlich Verstorbene noch gar nicht im Jenseits weilt. So wie Erika R. aus dem badischen Rastatt.

Achtung, Terminverschiebung!.

Stefan B

Aus persönlichen Gründen wird der
Beisetzungstermin bis auf weiteres verschoben!

Bei der Anzeige von Stefan B. hat es hingegen den Anschein, als habe der Verstorbene selbst den Beisetzungstermin »aus persönlichen Gründen« erst mal auf Eis gelegt.

Heinz-Peter J

Rechtsanwalt und Notar a. D.

* 1. Februar 1920   † 17. November 1992

gelebt in

Berlin, Warnemünde,
Brandenburg, Potsdam
und
Berlin

meldet sich ab.

Eine Selbstanzeige muss nicht notwendigerweise in der ersten Person formuliert sein. Dadurch lassen sich unangenehme Sentimentalitäten vermeiden, wie das Beispiel von Rechtsanwalt und Notar Heinz-Peter J. eindrucksvoll belegt, der die Angelegenheit mit professioneller Kühle erledigt.

Ein vergleichbares Resultat ist auch zu erzielen, wenn sich der Verstorbene selbst um Sachlichkeit bemüht und sein Ableben in einen allgemeineren Zusammenhang einordnet.

Ich gebe gern und ohne Bedauern diesen Lebenshauch, der mich beseelt, zurück der wohltätigen Natur, die mir ihn geliehen hat, meinen Körper aber den Elementen, aus welchen er zusammengesetzt ist.

Dr. Hans W. M
* 8. Juni 1908   † 5. April 1997

Der beratende Ingenieur Heinz W. aus Berlin löst die Aufgabe hingegen mit einer gehörigen Portion Ironie, wenn er sein eigenes Begräbnis als »letztes Projekt« ankündigt. Sympathisch, aber doch ungewöhnlich für einen Ingenieur ist auch sein Wunsch, man möge ihn »in netter Erinnerung« behalten.

*Die Planung
ist abgeschlossen*

G. E. Heinz W
Beratender Ingenieur VBI
· D-1000 Berlin 37
geboren 15. 9. 1924 · gestorben 10. 9. 1992

Mein letztes Projekt wird am 30. September 1992, 11.00 Uhr im Krematorium Ruhleben, Am Hain 1 in 1000 Berlin 20 ausgeführt.

Behalten Sie mich in netter Erinnerung.

Und da wir uns bereits auf dem Terrain des – wenn auch leisen – Humors befinden, dürfen wir hier die Anzeige des ehemaligen Karnevalsprinzen Anton L. einrücken. Der gut gelaunte Rheinländer musste sich ausgerechnet während der närrischen Saison aus dem irdischen Leben verabschieden. Doch gelang es ihm noch, für seine Hinterbliebenen die passenden Reime zu schmieden.

Ein Schängelche voller Passion,
verabschiedet sich mitten in der Session.
Ob an Mosel oder Rhein,
dass Leben war hier immer fein.
Ein letzter Gruss von ganzem Herzen,
gestorben bin ich ohne Schmerzen.
Mein Leben war oft turbulent und munter,
nun wink' ich Euch zum Abschied 'runter.

Euer Karnevalsprinz 1973!

Anton L

11. 03. 1924 - 18. 01. 2005

Angehörige und Freunde

Auf Wunsch erfolgte die Beisetzung in aller Stille am Freitag, dem 28.01.2005.
Familie L   56070 Koblenz

Willy B

12. Oktober 1923–29. Januar 2008

Ich spare mir die Heizungskosten, ziehe längere Hosen an, ziehe zu meiner Frau Hilda um und hinterlasse
Sohn Marcel, Schwiegertochter Hedi
Tochter Rita, Schwiegersohn Ernst
Tochter Margrit, Schwiegersohn Peter
Tochter Irene, Leider-nicht-mehr-Schwiegersohn Jürg
Sohn Hugo
Sohn Felix, Wie-eine-Schwiegertochter Priska
Sohn Richard und Schwiegertochter Colette
Tochter Monika, Langzeit-Schwiegersohn-Aspirant Stefan J
Meine Enkel Werner, Erich, Erika, Peter, Beat, Gabi, Rico, Niki, Ulzii, William und Laurent
Alle Angehörigen, Freunde, Jahrgänger, Jasskollegen, Turnkameraden, Bekannte und alle, die mich kannten.

Allen, die meiner Familie und mir Gutes getan, danke ich und verabschiede mich am Umzugstermin, Donnerstag, 7. Februar 2008, 14 Uhr am neuen Domizil, Friedhof Mümliswil, bei meiner Frau Hilda.
Gemeinsam freuen und bedanken wir uns für jeden Besuch, die Tür steht täglich 24 Stunden für jedermann ohne Voranmeldung offen.
Es ist mir, wir ihr verstehen werdet, unmöglich, alle persönlich anzuschreiben.
Dreissigster: Samstag, 1. März 2008, 17.30 Uhr.

Traueradresse: 4717 Mümliswil. Bitte weitersagen.
                          Lebt wohl, Willy

Mit umwerfender Souveränität und staubtrockenem Witz kündigt Willy B. an, dass er nun zu seiner Frau Hilda ins Familiengrab übersiedelt. Wie er versichert, steht die Tür 24 Stunden am Tag für jedermann ohne Voranmeldung offen. Da würde man gerne mal vorbeischauen. Allein um ihn zu dieser Anzeige zu beglückwünschen.

8820 Wädenswil
M. Zimmerli
Einsiedlerstrasse 34

life your dream

TODESANZEIGE

Wir sind traurig

Markus Z

* 1950   † 2000

ist sanft entschlafen.

Erika und Ibrahim und Mirjam
Rosmarie
Monika
Michael
Maria Yvonne
Theresa Ingrid
Freunde und Verwandte

Anstelle von Blumen spende man den Hilfswerken.

Auch unsere letzte Selbstanzeige gehört vermutlich in den Bereich des Humors, wenn auch eines sehr speziellen. Während manche Selbstanzeigen den Eindruck erwecken möchten, dass sie der Verstorbene aus dem Jenseits an die Anzeigenabteilung übermittelt hat, beschreitet Markus Z. in nicht ganz stilsicherem Englisch den entgegengesetzten Weg: Man soll es der Anzeige gerade nicht ansehen, dass sie wirklich und wahrhaftig vom vermeintlich Verstorbenen aufgegeben wurde.

Berichtigung

In der Ausgabe vom Mittwoch erschien von unserem Vater

Markus Z

eine von ihm aufgegebene Todesanzeige. Wir möchten damit klarstellen, dass er lebt und es ihm gut geht.

Monika und Michael Zimmerli

06

»Meine liebe Frau hat Gott zu sich genommen«

Sprachliche Missgeschicke

In Todesanzeigen ist es besonders peinlich, wenn sich Fehler einschleichen, der Satzbau durcheinandergerät oder eine doppelsinnige Formulierung den Text kippen lässt. Denn der Tod eines Menschen ist ein ernstes Thema, und die Anzeige, die von diesem Tod kündet, ist so etwas wie die letzte Botschaft vom Leben dieses Menschen. Da darf nichts schiefgehen, sonst droht eine Blamage. So empfinden es zumindest diejenigen, die von der Sache betroffen sind. Als Angehörige oder als Mitarbeiter der Anzeigenabteilung, die womöglich den Fehler zu verantworten haben.

Wer jedoch die Hintergründe nicht kennt, sieht solche Ausrutscher in einem sehr viel milderen Licht. Ja, womöglich bereitet ihm die Anzeige Vergnügen. Das hat nichts mit Schadenfreude zu tun, sondern mit elementaren Gesetzen der Komik, worauf schon Charlie Chaplin hingewiesen hat: Wo es für den einen peinlich wird, muss der andere lachen. Voraussetzung ist aber, dass derjenige, dem etwas Peinliches widerfährt, nicht ernsthaft zu Schaden kommt. Sonst finden wir das nicht mehr lustig, sondern haben Mitleid. Solche Anzeigen finden sich auf den folgenden Seiten selbstverständlich nicht.

Doch wie leicht Mitleid für monströse Schadenfreude gehalten werden kann, zeigt unsere erste Anzeige. Da wollten die Angehörigen von Charlotte Margareta Helene S. aus dem mittelfränkischen Adelsdorf ihrer Trauer Ausdruck verleihen und vielleicht noch anmerken, dass das Leiden der warmherzigen Frau jetzt ein Ende hat. Herausgekommen ist jedoch Folgendes:

Der Herr über Leben und Tod hat unsere immer geliebte Mutter, Schwiegermutter, warmherzige Großmutter und Urgroßmutter

Charlotte Margareta Helene S

* 10. 8. 1920   geb. V   † 19. 4. 2006

zu sich genommen.

Voll Trauer, dass ihr weiteres Leiden erspart bleibt:
Giesela und Dr. Robert P   mit Antje, Jan, Lukas, Linus, Antonia, Ulrike, Florian, Friedrich und Kerstin
Johannes und Angelika S
mit Christina und Sophie
Dorothee M
mit Julia und Florian
und alle Anverwandten

Beerdigung am Samstag, dem 22. April 2006, um 11.00 Uhr in Adelsdorf.

Auch Georg F. aus Wiesbaden machte bei seinem Ableben offenbar einen großen Bogen um einen leidvollen Tod und entschlief lieber sanft – sehr zur Überraschung seiner Angehörigen.

Mein lieber Vater, Schwiegervater und herzensguter Opa

Georg F

* 9. 7. 1911   † 1. 9. 1998

ist überraschend sanft entschlafen.
Wir haben ihn sehr lieb und vermissen ihn.

In tiefer Trauer:

Elfi und Helmut W
Marc
und Angehörige

65193 Wiesbaden,
Die Trauerfeier mit anschließender Urnenbeisetzung findet am Freitag, dem 18. September 1998, um 10.00 Uhr auf dem Nordfriedhof in Wiesbaden statt.

Auf einen lärmenden Abgang ihres Anverwandten Kurt hatte sich Familie Willi
B. eingestellt. Doch dann kam alles ganz
anders.

STATT KARTEN   **Ludwigsburg**, im August 2007

Unerwartet still und leise gingst du fort.

Kurt B

Herzlichen Dank den Verwandten, Freunden und Bekannten, die
ihn auf seinem letzten Weg begleitet haben.
Besonderen Dank Herrn Pfarrer Bott für seine einfühlsamen Worte.
Ein Dankeschön allen, die ihre Anteilnahme durch Wort, Schrift,
Blumen- und Geldspenden bekundet haben.

Im Namen aller Angehörigen
Familie Willi B

Überrascht zeigen sich auch die Angehörigen von Ismail B. aus Hamburg. Mit
seinem Tod hatten sie nicht gerechnet.
Außerdem ging ihnen die Sache »viel zu
schnell«. Man könnte meinen, sie hätten
es vorgezogen, wenn sich die Angelegenheit lange hingezogen hätte.

Viel zu schnell und unerwartet verstarb mein lieber Ehemann,
unser guter Vater und Großvater

Ismail B

* 11. März 1925   † 2. August 1994

In stiller Trauer
Lina B
Kinder und Enkel L
und Sohn Geza B

Ebenso scheint Marta H. aus Stuttgart den Zeitpunkt ihres Hinscheidens nicht nach den Wünschen ihrer Angehörigen gewählt zu haben. Die Silvesternacht mochte zwar noch hingehen, aber bis zum Bleigießen hätte sie ja wenigstens durchhalten können.

Unsere liebe Mutter und Oma

Marta H

ist nach kurzem, schwerem Leiden im Alter von 68 Jahren viel zu früh in der Sylvesternacht von uns gegangen.

Der Verlust eines guten Freundes muss erst einmal verkraftet werden. Doch können sich die Mühen der Trauerarbeit als noch größere Belastung erweisen, wie das gereimte Motto für Karlheinz F. verrät.

Dich zu verlieren war unsagbar schwer,
Dich zu vermissen noch sehr viel mehr.

Nach kurzer, schwerer Krankheit verstarb unser bester Freund

Karlheinz F
(gen. Bazi)
geb. 08.05.42   gest. 26.01.97

In tiefer Betroffenheit

Die meisten geflügelten Worte stammen doch von Goethe – erst recht wenn sich damit eine Traueranzeige schmücken lässt. So dachte vermutlich Walter B., der dem Dichterfürsten das wohl bekannteste Lutherwort andichtet und sich so in seiner letzten Botschaft zwar als Goetheliebhaber, keineswegs jedoch als Goethekenner erweist.

> *„Wenn ich wüßte, daß morgen die Welt unterging,*
> *würde ich heute noch ein Bäumchen pflanzen."*
>
> **J. W. v. Goethe**

Mein schönes erfülltes Leben ging zu Ende!

Ich danke allen ganz herzlich, die mich all die Jahre begleitet haben und verabschiede mich für immer von meiner lieben Rosemarie und Familie, den Sport- und Wanderfreunden, den ehemaligen Arbeitskolleginnen und -kollegen und meinen zahlreichen guten Bekannten.

Über allen Gipfeln ist Ruh'.

Euer Walter B

Manchmal ist es nur ein unscheinbarer Buchstabendreher, der aus einem IE ein EI macht und im Handumdrehen aus einer bewegenden Traueranzeige alle Feierlichkeit austreibt.

> *Das einzig Wichtige im Leben sind die Spuren von Liebe,*
> *die wir hinterlassen, wenn wir ungefragt weggehen*
> *und Abschied nehmen müssen.*
>
> *Traurig nehmen wir Abschied von meiner geleibten Frau,*
> *unserer guten Mutter, Schwiegermutter und Schwester*
>
> *Magret G*

Auch Anführungszeichen, die aus undurchschaubaren Gründen gesetzt werden, können in einer Trauerannonce großen Schaden anrichten. Denn sie können dem Text ungewollt einen ironisch-höhnischen Unterton mitgeben.

Die hilfreiche und aufrichtige Anteilnahme
zum Tode „unserer" geliebten

Lucia

hat mir sehr viel Kraft gegeben.

Dagegen ist nicht weiter fraglich, was die Förderation Europäischer Narren mit ihrem Regionalvizepräsidenten Dieter M. vorhat, wenn sie ankündigt, ihn »unvergessen« zu ehren. Zumal M. als »selbstlose Stütze« und »wissendes« Präsidiumsmitglied nicht so leicht aus dem Gedächtnis der europäischen Narrenzunft zu tilgen sein dürfte.

Die Föderation Europäischer Narren D e. V.
trauert um ihren Regionalvizepräsidenten

Herrn Dieter M

19. 8. 1954 – 21. 10. 2007

Dieter M   war uns jahrelang selbstlose Stütze und wissendes Präsidiumsmitglied, dessen Rat und Stärke wir sehr vermissen.

Die FEN wird Dieter M   unvergessen ehren.

Föderation Europäischer Narren D e. V.
Regionalverband Mittel-, Oberfranken,
Altmühltal und Thüringen für das Regionalpräsidium

MONIKA F
Präsidentin

Dass die ehrenden Worte nicht ganz ins Schwarze treffen wollen, unterläuft jedoch nicht nur den Narren. In einer Sammlung von Todesanzeigen entdeckten wir den unten stehenden Satz, der auf Angehörige jeder Berufsgruppe anwendbar ist. Er gefiel uns so gut, dass wir ihn hier aufnehmen, auch wenn der Rest der Annonce weggeschnitten ist. Damit bleibt für immer verborgen, wem wir da nacheifern sollen. Und das hat ja vielleicht auch sein Gutes.

> Seinen Grundsätzen treu bis zuletzt, sein Einsatz für Bleibendes waren seine Lebensaufgabe, sind Vorbild für uns alle.

Allzu bekannte Floskeln durch neue Formulierungen zu ersetzen, ist manchmal nicht ganz ungefährlich. Das haben wir schon bei unserem ersten Beispiel im Vorwort gesehen, als das Wörtchen »unverhofft« zum Einsatz kam. In der folgenden Anzeige möchte Frank F. zum Ausdruck bringen, wie sehr ihn die aufrichtige Anteilnahme am Tod seiner Frau gestärkt hat. Unglücklicherweise macht er aus dieser Formel zwei Sätze. Und indem er im zweiten herausstreicht, er habe die »Ehrlichkeit« der Bekundungen mit Dank entgegengenommen, erweckt er den Eindruck, als habe er sich nicht gerade schmeichelhafte Dinge anhören müssen.

Karina F
geb. H
* 13. 4. 1966   † 13. 11. 1996

In den letzten Tagen hat mich die Anteilnahme
aller sehr unterstützt und gestärkt.

Ich habe die Ehrlichkeit der Bekundungen
mit Dank entgegen genommen.

Frank F

Auch der Satzbau hat so seine Tücken.
Zumal wenn es um längere Sentenzen
geht und die Bezüge stimmen müssen.
Bei Diplom-Kaufmann Heinz W. aus dem
schwäbischen Heidenheim sind sie etwas
durcheinandergeraten. Zwar mag die Firma tief bewegt das Ableben von Heinz W.
bekanntgeben, aber unfassbar ist die Be-
kanntgabe hoffentlich nicht.

Tiefbewegt und für uns unfaßbar geben wir bekannt, daß unser
Geschäftsführer und Mitinhaber

Herr Dipl.-Kfm.

Heinz W

nach kurzer, schwerer Erkrankung unerwartet am 26. April 1978 verstorben ist.

Auch im privaten Rahmen herrscht häufig frei flottierende Fas-
sungslosigkeit. Dabei sind im Fall von Rechtsanwalt Otto J. sogar
diejenigen betroffen, die ihn kannten und liebten. Sie scheinen kein
Verständnis dafür aufzubringen, dass die Familie Abschied vom Verstorbenen nimmt.

Otto J
Rechtsanwalt
* 21. 11. 1906

Unfaßbar für alle, die ihn kannten und liebten, nehmen wir Abschied von meinem guten Bruder, unserem lieben Schwager und
Onkel, der am 18. Februar 1972 an den Folgen eines Herzinfarktes
verstorben ist.

Nur wenige Wochen überlebte er den Tod seiner lieben Frau. Sein
Leben war bestimmt durch Fleiß und Arbeit, Güte und Hilfsbereitschaft.

Am häufigsten fällt jedoch kein Geringe-
rer den falschen Bezügen zum Opfer als
Gott. Was ihm bei dieser Gelegenheit
nicht alles angedichtet wird: Langjährige
Ehen, Kinder, ausgedehnte Fernreisen.
Fast immer bezahlt er diese Eskapaden
mit dem Leben. Oder er wird krank und
holt sich dann eine erfahrene Krankenschwester ins Himmelreich. Zur Verblüf-
fung der Hinterbliebenen.

Nach langer Krankheit, jedoch unerwartet, hat Gott
unsere liebe Schwester und Tante

Elisabeth K

Krankenschwester i. R.

im Alter von 72 Jahren in die Ewigkeit abberufen.

Im Namen aller Hinterbliebenen:
Ottilie S   geb. K
Maria R   geb. K

Da ist es immerhin tröstlich, dass ihm in
der Anzeige von Frieda E. ein langes, erfülltes Leben bescheinigt wird.

Nach einem langen, erfüllten Leben hat Gott

Frieda E

* 16. 12. 1920   † 19. 6. 2007

zu sich heimgeholt. Sie schlief friedlich ein.

Nürnberg,

In Dankbarkeit:
Inge und Klaus A

Für Katholiken ist die folgende Anzeige nicht völlig unverständlich. Kann man darin doch eine Anspielung auf die heilige Kommunion erblicken, die ja durchaus einen festen Platz unter den Sterbesakramenten hat. Doch sollte das bei den Familienmitgliedern weniger Bestürzung hervorrufen.

Edith S

Meine liebe Frau hat Gott zu sich genommen.

Fassungslos und in tiefer Trauer
im Namen ihrer Familie und ihrer vielen Freunde:

Oscar S
und
Dr. Jürgen S

Die Redensart »in Gottes Namen« wird gewöhnlich bei Zugeständnissen gebraucht. Man könnte stattdessen auch sagen: »Also, von mir aus ...« Ganz recht ist einem die Sache nicht, aber man kann sich damit arrangieren. Und das ist ganz sicher nicht das, was die Angehörigen nach dem »schicksalreichen« Leben von Katharina G. zum Ausdruck bringen möchten.

In Gottes Namen entschlief nach einem schicksalreichen Leben Frau

Katharina G
geb. K

* 26. 12. 1888   † 26. 12. 1968

Beim Nachdenken über Christa K. ist man gleich aus zwei Gründen irritiert: einmal wegen ihrer beunruhigenden Doppelrolle als »Frau und Tochter«, dann aber auch wegen der dunklen Redewendung, sie sei »in ihrer Kreatürlichkeit zutiefst getroffen«.

Meine über alles geliebte Frau und Tochter

Christa K
geb. D

starb heute, 2 Tage nach ihrem 26. Geburtstag, in ihrer Kreatürlichkeit zutiefst getroffen bei ihrer übergroßen Liebe zu allen unschuldigen Geschöpfen so tapfer bis zuletzt.

Auch die tiefe Trauer um sie kann dies nicht umfassen.

Wilhelm K
mit Judith und Miriam

Mein bester Freund ist Tod.

Wir sind sehr traurig.

"Rudi" T

† 06. 06. 2006

Am Ende schlägt jedem von uns die Stunde. So viel ist gewiss. Grund genug also, sich mit dem Tod zu versöhnen. Man muss vielleicht nicht ganz so weit gehen wie »Rudi« T. mit seiner Familie.

07

»Der Tod ist barmherziger als deine Unbarmherzigkeit«
Hassanzeigen

In den Todesanzeigen herrscht ein gedämpfter Ton. Gefühlsausbrüche im Trauerrand kommen zwar gelegentlich vor, doch sollen sie in aller Regel von überschäumender Liebe oder hemmungsloser Verehrung künden. Zorn, Hass und Häme finden sich außerordentlich selten. Daher werden entsprechende Anzeigen von Sammlern wie Preziosen behandelt. Von diesen sorgsam gehüteten Kostbarkeiten sollen in diesem Kapitel die schönsten Stücke vorgeführt werden. Den Anfang macht ein Klassiker, eine viel beachtete Schwiegervateranzeige, die der Kölner Juwelier Heinz H. aufgab, um sich auf seine Weise Luft zu machen.

Mein Schwiegervater

Josef (Sepp) K

Dr. phil. — ordentlicher Professor der klassischen Philologie
Magnifizenz der Universität Köln 1930/31 und 1945—1950

Die Personifizierung geistigen Hochmutes
und menschlichen Versagens

starb am 8. März 1980 im 91. Lebensjahr

Die Beerdigung findet heute, am 12. 3. 1980, um 12 Uhr auf dem Südfriedhof
in der Gruft Prof. Dr. Rudolf S   „in der Stille" statt

Heinz H

Nicht weniger groß ist die Abneigung, die aus der folgenden Anzeige spricht. Ein gewisser Heini, der sich nicht näher zu erkennen gibt, findet für eine ebenso unbestimmte Rita zum Abschied eine ebenso böse wie griffige Formel.

Rita

Der Tod ist barmherziger als Deine Unbarmherzigkeit.

Als letzten Gruß
Heini

in memoriam
de mortius nil nisi bene

Margot M
geb. S
1933 — 1999

Mit „66" fängt das Leben doch erst an, manchmal kommt es anders. nehmen wir es an. Als Modell auf des Laufes Steg, machte sie schon früh sich auf den Weg. Beim Blumencorso hoch auf dem Wagen wurde sie vom Blumenduft getragen. Familiär ging manches in die Hose, nahm's leicht die ganze Chose. Sie läßt die Ehe einfach scheitern - um den Horizont noch zu erweitern? Fazit von der Geschicht', so was tut man nicht. Was war das für ein Leben bloß, nun ruhe sanft in Gottes Schoß. - Au revoir.

Vom Leben gezeichnet
Hado M
Wirtschaftsberater VWB

Den Toten nur Gutes nachzusagen, ist seit den Tagen der Antike ein oft beschworenes Prinzip. »De mortuis ni(hi)l nisi bene« heißt der Sinnspruch im klassischen Latein. Doch wer ihn zitiert, tut dies meist nur, um desto ungehemmter über die Verstorbenen herzuziehen. So hält es auch Wirtschaftsberater Hado M. aus Hannover, der seiner Schwägerin Margot noch einige gereimte Nettigkeiten mit auf den Weg gibt.

In bestimmten Fällen erschließt es sich erst aus dem Zusammenhang, dass es sich bei der betreffenden Annonce um eine Hassanzeige handelt.

Karl G

* 3.12. 1934   gest. 17.08.2004

ist tot.

Inka-Maren G

Es wird eine anonyme Beisetzung ohne Trauerfeier stattfinden.

Jetzt wird gefeiert!

I.-M. G

August 2004

Wer keine Gelegenheit fand, in der Todesanzeige über den Verstorbenen herzuziehen, dem steht noch die Möglichkeit offen, dies in einem Nachruf nachzuholen.

Nachruf

Johanne S

geb. N   , verw. J
* 16.12.1903   † im Juni 1996

Erst sehr spät haben wir von dem Tod unserer Mutter, Schwiegermutter und Großmutter erfahren.
Jetzt ist sie besser aufgehoben und der Hölle auf Erden entwischt. Möge Gott ihr ihre Sünden vergeben, die sie in Gemeinschaft mit ihrer Tochter Elke S
auf Erden begangen hat.

**10-jähriges Jubiläum
einer gut versorgten Witwe.**

In Gedenken an meinem vor 10 Jahren verstorbenen
Vater

Dr. Wilhelm B

* 26. Juli 1911   † 29. Juni 1990

der 40 Jahre die Familie allein auf den Schultern trug
und alleine sterben mußte.

Die zornige Tochter Sabine B

21029 Hamburg

Dabei richtet sich die Abneigung keineswegs immer gegen die Verstorbenen. In
manchen Hassanzeigen sind es vielmehr
die Hinterbliebenen, die hier ihr Fett
wegbekommen.

Auf unharmonische Familienverhältnisse deutet auch die Anzeige hin, die Wilfried G. für gleich drei seiner Angehörigen aufgegeben hat.

Nachruf

> Merke:
> Die Dummheit will sich offenbaren!
> Will ans Licht;
> erobern,
> den Sieg!

Am 13. Januar 1993 verlor mein Bruder

Karl-Heinz G

das Geistige.

Im Februar 1993 verstarb unser Vater

Karl G

Im September 1993 verstarb unsere Mutter

Bernhardine G

Am 1. Dezember 1994 wurde auch der Körper meines Bruders vom Leiden erlöst.

Es war mir versagt, von meinem Bruder Abschied zu nehmen. Ich möchte es hiermit tun. Ich verlor einen der liebsten Menschen meines Lebens.

**Wilfried G
und Familie**

In memoriam!

Erst das hier erhaltene Dasein war und ist sehr primitiv, daher ruhig Dein Hinüberschweben in ein schöneres Heimatland!

Zum 12. Todestag meines treuen, bewährten, unvergessenen, unersetzlichen, einmaligen Ehefrauchens

Johanna T

geb. Ewig

* 25. 3. 1920   † 6. 2. 1967

In tiefer Trauer
Walter T
Behördl. ministerieller A k a d e m. Reg.-Rat a. D.
— n i c h t i. R. —

1000 Berlin 65, den 6. 2. 1979

Zu den bemerkenswertesten Hassanzeigen gehören diejenigen, in denen sich die Abneigung gegen nichts Geringeres kehrt als das irdische Dasein. Dass dies durchaus als knorrige Liebeserklärung geschehen kann, zeigt die Anzeige, die der behördlich ministerielle Akademische Regierungsrat (a. D., aber nicht im Ruhestand!) Walter T. aufgegeben hat. Zwölf Jahre nach dem Ableben seines »treuen und bewährten Ehefrauchens«.

Hat der Verstorbene selbst den Anzeigentext formuliert, kann er ebenfalls zu einer umfassenden Anklage ausholen.

Christian

·   1949   †   2004

ist tot!

Ich musste sterben, weil ich nicht zur **Krebsvorsorge** gegangen bin. Wenn man schon sterben muss, so kann ich der Sache auch etwas Positives abgewinnen. Nämlich eine Epoche der Menschheit verlassen zu müssen, welche fast nur noch aus Dummheit, Gier und Dekadenz besteht.

Die Seobestattung findet im engsten Familienkreis in Schweden statt.

(Den Text hat der Verstorbene schon bei Lebzeiten aufgesetzt)

Da wir uns nun schon auf medizinischem Terrain befinden, so müssen wir auf jene Anzeigen zu sprechen kommen, die den Ärzten gelten. Regelrechte Hassanzeigen verstoßen gegen die guten Sitten und dürfen nicht erscheinen. Die folgende Annonce hält die Aussage jedoch fein in der Schwebe.

Zum Tode von
Dr. med. Volker P
fällt mir nur ein Wort ein:
Danke
Ein Patient

Und doch finden sich hin und wieder Anzeigen, aus denen sich eine gewisse Kritik an der ärztlichen Behandlung herauslesen lässt. Vermutlich muss man dabei eine so ausgesuchte Höflichkeit an den Tag legen wie die Hinterbliebenen von Josef H., damit die verbale Ohrfeige richtig sitzt.

Es kommt nicht nur darauf an,
was wir äußerlich in der Welt leisten,
sondern was wir menschlich geben,
in allen Lagen.

(Albert Schweitzer, Predigt 3. 5. 1919)

Versehen mit den heiligen Sterbesakramenten entschlief nach unvorstellbarem Leid mein lieber Mann, mein herzensguter Vater, unser Bruder, Schwager und Onkel

Josef H

* 13. 3. 1939   † 25. 6. 2005

ehem. Personalleiter des Diözesancaritasverbandes
für das Erzbistum Köln

In stiller Trauer:

Heidi H
Ruth H
und alle Anverwandten

53340 Meckenheim,

Der Verstorbene ist das dritte Mitglied unserer Familie, das an einer falsch bzw. zu spät behandelten Krankenhausinfektion verstarb. Wir danken den Ärzten und dem Pflegepersonal der Chirurgischen Abteilung und der Intensivstation der Uniklinik Bonn, die ihr Möglichstes getan haben, sein Leben zu retten. Ihre Hilfe kam jedoch zu spät.

Der Trauergottesdienst mit Verabschiedung wird gehalten am Freitag, dem 1. Juli 2005, um 11.00 Uhr in der Pfarrkirche St. Martin in Rheinbach.

Die Urnenbeisetzung findet später im engsten Familienkreis statt.

Wir danken dem Verwaltungsdirektor des Kreiskrankenhauses Mechernich für die großzügige Kostenübernahme der Verlegung des inzwischen Verstorbenen

Josef H

in die Bonner Uniklinik. Die daran geknüpfte Bedingung „nie wiederzukommen" erfüllen wir gern.

Adelheid, Ruth H
und Sophia L

Dass die Zeitungen weitaus häufiger mit diesem sensiblen Thema zu tun haben, als man meint, deutet die folgende Notiz an, die ein Verlag in die Rubrik der Traueranzeigen einrückte.

Wir bitten unsere verehrten Inserenten von Todesanzeigen/Danksagungen um Verständnis, daß wir die Namen der behandelnden Ärzte nicht abdrucken können.

Ihr Verlag

Höfliche Zurückhaltung kennzeichnet auch unsere letzte Anzeige. Eleganter als die Angehörigen von Elly L. aus Berlin kann man die schwerfällige Sozialbürokratie kaum zum Gespött machen.

Danksagung

Allen, die zum 1. Todestag am 15. November 1977 unserer lieben Mutter und Oma

Elly L

geb. G

gedachten, sagen wir hiermit unseren Dank; insbesondere den zuständigen Dienststellen des Landes Berlin, die den Antrag unserer lieben Mutter auf Ausstellung eines Schwerbeschädigtenausweises vom 26. März 1974 entgegennahmen, am 12. Februar 1975 positiven Bescheid erließen und am 2. November 1977 zustellten.

Dieter L   und Familie

1000 Berlin 31

08

»Einem Soldatenleben ward ›Halt‹ geboten«

Militärisches

Eine Sammlung von Todesanzeigen wäre um manches ärmer, würde sie auf eine militärische Abteilung verzichten. Denn wer den Waffenrock getragen hat, der wird gelegentlich auf eine sehr eigentümliche Art verabschiedet. Vor allem Leser mit zivilem Hintergrund dürfte der unzeitgemäß schnarrende Ton mancher Anzeigen erheitern – wobei einem auch schon mal ein kalter Schauder über den Rücken laufen kann. Zumindest wenn ein hohes Tier zu Grabe getragen wird wie der hochdekorierte Fliegergeneral Erhard M. Im Dritten Reich wurde er Generalfeldmarschall, in den Nürnberger Prozessen als Kriegsverbrecher zu lebenslanger Haft verurteilt und Anfang der Fünfziger Jahre begnadigt. Später arbeitete er als Berater in der Industrie. Und was steht in seiner Todesanzeige aus dem Jahr 1972?

Erhard M

Generalfeldmarschall

geboren am 30. 3. 1892   gestorben am 25. 1. 1972

meldet sich ab.

Die Beisetzung hat auf Wunsch des Verstorbenen am 28. 1. 1972 in aller Stille in Lüneburg stattgefunden.

Weniger prominent, dafür mit einem stolzen Kampfnamen ausgestattet, ist der Rittmeister a. D. Bruno R. Durch ihn ist auch zu erfahren, mit welchem Ziel sich ein alter Krieger »abmeldet«.

Der „Löwe von Kurland"
hat sich zur großen Armee abgemeldet.

BRUNO R
Rittmeister a. D.

**Träger des Eichenlaubs zum Ritterkreuz
des Eisernen Kreuzes**

* 23. November 1914 in Bechtcice/Westpreußen
† 6. Juni 1993 in Berlin

Ein gutes Herz hat aufgehört zu schlagen.

Die Abmeldung zur großen Armee kann stellvertretend auch von den engeren Familienangehörigen besorgt werden. Und wenn der Betreffende entsprechend dekoriert wurde, darf anstelle des christlichen auch einmal das »Eiserne Kreuz« in die Anzeige eingerückt werden.

Wenn alle Brüder schweigen

Ich melde meinen Herrn Vater

Karl Friedrich Wilhelm vom S
OFw der Wehrmacht (WL)

zur Großen Armee ab.

Auch in Österreich meldet sich der wackere Soldat vor dem Eintritt in die große Armee pflichtschuldigst bei den Lebenden ab. Darüber hinaus weiß Oberleutnant Dr. Werner W. nicht nur durch Mitgliedschaft in diversen Studentenverbindungen zu beeindrucken, mehr noch imponiert die Tatsache, dass so jemand keinen Kulturpreis des Landes Kärnten bekommen hat.

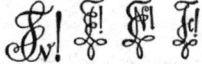

ES MUSS SEIN!

DR. PHIL. WERNER W

✝ 1919   ⚰ 1991

Ein Oberleutnant der 1. Gebirgsdivision meldet sich ab. Horridoo!

AH. der akad. B! SUEVIA zu INNSBRUCK
AH. der w. p. B! FREYA zu KLAGENFURT
AH. der p. c. B! NORMANNIA zu KLAGENFURT
AH. und Gründungsmitglied der TV! HOLLENBURG zu FERLACH
Weiland Hauptschriftleiter der „AULA", Freiheitliche Monatszeitschrift zu GRAZ
Weiland „DICHTERFÜRST" der Stadtrichter zu CLAGENFURTH
Treu der Heimat im Heimatdienst

KEIN KULTURPREIS DES LANDES KÄRNTEN

Die Verabschiedung unseres lieben Verstorbenen findet
am Mittwoch, dem 20. November 1991, um 14.00 Uhr, am Friedhof in St. Veit statt.

IN GEMEINSAMER TRAUER:

Roswitha — Gattin
Ekkehard — Sohn, mit Heidi, Gerlig und Roland
Liselotte — Tochter, mit Werner und Nora
Ines — Schwester

IM NAMEN ALLER VERWANDTEN

Nach all den »Abmeldungen« ist man dankbar, auch einmal auf eine andere, nicht minder passende Formulierung zu stoßen.

Einem Soldatenleben ward „Halt" geboten. Es starb am 25. Januar 1971 im 86. Lebensjahr.

Hermann H

Generaloberst a. D.

Träger des Ritterkreuzes des Hausordens von Hohenzollern mit Schwertern und des Ritterkreuzes zum Eisernen Kreuz mit Eichenlaub und Schwertern sowie anderer hoher Auszeichnungen.

Der aufmerksame Leser hat es längst bemerkt: Wenn man nicht gerade als Generalfeldmarschall in den einschlägigen Kreisen als »in a class of his own« gelten kann, dann dürfen in der Traueranzeige die Orden nicht fehlen. Dabei ragt die Annonce von Industriekaufmann Alfred D. zweifelsohne heraus. Nicht nur als »Träger der Goldenen Frontflugspange«, sondern vor allem weil er uns wissen lässt, dass es mit seiner Tapferkeit zum Ritterkreuz leider nicht gereicht hat. Wir empfehlen, diesem Beispiel auch im zivilen Bereich zu folgen und nicht nur anzugeben, was man gewesen ist und was man geleistet hat, sondern was einem knapp durch die Lappen gegangen ist: die Stelle als Abteilungsleiter, der Literaturpreis der Stadt Remagen, die Verlobung mit Carla Bruni.

Die Finsternis vergeht,
und schon leuchtet das wahre Licht.

In stiller Trauer nehmen wir Abschied von

Alfred D

* 18. 6. 1922   Industriekaufmann   † 12. 2. 1989
Inhaber des Eisernen Kreuzes I. und II. Klasse
Träger der Goldenen Frontflugspange
Inhaber des Ehrenpokals der Kampfflieger, verliehen für hervorragende Tapferkeit im Luftkrieg
Nennung im Ehrenblatt der Luftwaffe, für einmalige, außergewöhnliche Tapferkeitstat, die aber für die
Beleihung mit dem Ritterkreuz nicht ausreicht

116

Ferdinand Otto M., Militärschriftsteller und Oberstleutnant der französischen Ehrenlegion, verabschiedet sich hingegen auf seine Weise: Ohne Blumen. Ohne Tränen. Härter geht es nicht.

Oberstleutnant

Ferdinand Otto M

Officier de la Légion d'Honneur
und Mitarbeiter im persönlichen Stab von General de Gaulle

gibt sich die Ehre, seinen Abruf in die Ewigkeit am

23. 12. 1992

mitzuteilen.

Ohne Blumen.   Ohne Tränen.

Le Chesnay Trianon, den 11. 1. 1993

In unserem kleinen Soldatenkapitel dürfen schließlich nicht die »Erinnerungsanzeigen« fehlen wie die für Hauptmann Johannes W., aus der eine gewisse Verbitterung spricht.

Hauptmann

 Johannes W

* 15. 11. 1921   † 19. 3. 1945

Am Ilmensee und in Afrika vielfach verwundet, gefallen im Glauben an sein preußisch-deutsches Heimatland.

Die Familie
Travenhof

Erbärmlich jene, die jetzt zu richten sich erdreisten!

Dass der Soldatenstand auch im zivilen Leben durchaus noch Wertschätzung genießt, belegt unsere letzte Anzeige. Als Prokurist einer Strickwarenfabrik ist Rudolf T. kaum in die Kämpfe um preußisch-deutsche Heimatländer verwickelt, um nicht zu sagen: verstrickt gewesen. Und dennoch kann er mit einem Spitznamen aufwarten, der ihm mindestens so viel Anerkennung verschafft wie kein Kulturpreis des Landes Kärnten.

In tiefer Trauer geben wir bekannt, dass uns unser Onkel

Herr Rudolf T   ,
von Freunden liebevoll Major genannt,

am 4. Juli 2006 im 87. Lebensjahr
für immer verlassen hat.

Herr Rudolf T   war jahrzehntelang Prokurist der Firma Fanni Lemmermayer Strickwarenfabrik und hat mit seinem Engagement wesentlich zum Erfolg der Firma beigetragen.

Wir erinnern uns dankbar an einen aufrechten, von uns hoch geschätzten Menschen.

Komm.-Rat Klaus T
und Familie

09

»Die Mutter war's«

Familienverhältnisse

»Die eigene Familie ist wie die Sonne«, lautet ein mexikanisches Sprichwort, »je weiter weg sie ist, desto besser.« Dabei gibt es gerade in der Familie auch beglückende Momente der Nähe, Geborgenheit, Sicherheit, nicht zuletzt auch finanziell. Zwischen diesen beiden Polen bewegen wir uns in diesem Kapitel, das den Familienverhältnissen gewidmet ist. An erster Stelle ist hier die Mutter zu würdigen – mit einem innigen Gedicht, das Sohn Adalbert für die gütige und praktisch denkende Frau »unterm Rasen« verfasst hat.

Ein treusorgendes Mutterherz hat aufgehört zu schlagen!

Elisabeth

MUTTER

O selig-süße Kinderzeit,
so schnell bist du in nichts zerronnen,
wie liegst du weit, du goldene Zeit,
und niemals wirst du wiederkommen.

Wie lag mir jeder Kummer fern,
die Mutter ließ ich für mich sorgen;
ich war ihr Stolz, ihr Augenstern,
und sie bewachte meinen Lebensmorgen.

Am Abend faltete sie meine Hände,
ich sprach ihr nach ein kindliches Gebet.
Voll Güte, gleich, als ob sie immer bei mir stände,
hat sie die Liebe in mein Herz gelegt.

Mit jedem Schmerz durft' ich zur Mutter kommen,
für alles wußte sie dann Trost und Rat;
und war ich krank, hat sie mich auf den Schoß genommen,
und sie verzieh, was ich auch immer kindlich tat.

Nun bin ich groß, und sie liegt unterm Rasen,
sie, deren Herz voll Liebe für mich schlug;
und ich hatt' ihr doch noch so viel zu sagen,
als unter Blumen man sie auf den Friedhof trug.

Die Zeit heilt Schmerzen wohl und Wunden,
doch eine Mutter bringt sie nicht zurück;
hätt' ich zur rechten Zeit die Worte doch gefunden,
nun ist's zu spät – verloren ist das allergrößte Glück.

Ihr dankbarer Sohn Adalbert

Einen fernen Anklang an das eingangs zitierte mexikanische Sprichwort bietet die folgende Anzeige, in der sich Hans-Joachim Wilhelm M. von der treuen Mutterliebe das Herz besonnen lässt.

In lieber Erinnerung an meine Mutter
Keine Liebe hat, seit die Kindheit vergangen,
wie Mutterliebe mein Herz besonnt.
Verlangen nach dieser Wärme, nach Zärtlichkeit,
die treu ist, selbstlos, geduldig in Ewigkeit erfüllt mich.
Nur eine Mutter stillt alles Weh, so sehn' ich mich nach dir,
gütige Fee. Komm in die Stille, wo Sorgen mich trafen,
sing mich in Schlaf, Mutter, dann kann ich schlafen.

Erika V

geb. B
* 30. Juni 1929   † 7. Juni 2003

Ohne Dich ist die Welt schön, mit Dir wäre sie wunderschön.
Hans-Joachim Wilhelm M

Inhaltlich kaum anders, wenngleich in wesentlich gedrängterer Form kommt die folgende Anzeige zur Sache.

Die Mutter war's

Elisabeth F

geb. G
* 18. 2. 1902   † 23. 6. 1993

Was soll's der vielen Worte.

Kinder, Enkel und Urenkel

Doch es geht noch knapper.

DANKE MAM

DEIN FRANZI

An grafischen Elementen werden in den Mutteranzeigen eindeutig die Herzen bevorzugt. Anerkennenswert also, dass sich die Anzeige für Marlies B. um eine Alternative bemüht. Doch macht das segelbewehrte »Mutterschiff« nicht gerade einen windfesten Eindruck und dürfte bereits durch Beiladung eines einzigen Beiboots zum Kentern zu bringen sein.

Wir wollen nicht trauern,
daß wir Dich verloren haben,
sondern danken, daß Du
für uns da warst.

Tief erschüttert, aber in voller Dankbarkeit nehmen wir
Abschied von unserem „Mutterschiff"

Marlies B

Vergangenheit ist Geschichte, Zukunft ist Geheimnis, und jeder Augenblick ist ein Geschenk.
Nachruf auf unsere, leider viel zu früh von uns gegangene Mutter

Lucie P

geb. F

Heute feiern wir ihren 95. Geburtstag: In Liebe und Dankbarkeit gedenken wir einer großen Frau, die als Kind den 1. Weltkrieg und seine Folgen wie Inflation und Weltwirtschaftskrise erlitt und zwischen 1932 und 1939 drei Söhnen das Leben schenkte:

Horst-Joachim, Gerd-Reinhold und Jürgen-Wolfgang

die fortan ihr Leben bestimmten und denen sie Mutter, Vater, Ernährerin und Seelsorgerin war. Während der schweren Zeiten des 2. Weltkrieges, der Nachkriegsjahre und des Wiederaufbaus geleitete sie ihre drei Söhne *allein* ohne staatliche und Hilfe aus öffentlichen Kassen durch das Leben und ermöglichte ihnen eine fundierte Ausbildung zu Fachleuten und Persönlichkeiten. Als Vorbild beeinflußte sie ihre Entwicklung positiv, indem sie Hilfe zur Selbsthilfe leistete bei der Bewältigung von Krankheiten und sonstigen Schwierigkeiten. Das war ihr Leitspruch und ihr Vermächtnis: „Tue recht, und scheue niemanden" oder „Üb immer Treu' und Redlichkeit ...". Diese Tugenden, die heute leider nicht mehr zählen, haben uns geprägt.

Wir waren Dein, und Du warst unser Leben

Berlin, Frankfurt und Butzbach, den 22. April 2005

Deine Söhne

Aber auch dies ins „Stammbuch" derer, die heute so tun, als trügen sie Verantwortung:

Ihr sät viel und bringet wenig ein;
ihr esset und werdet doch nicht satt;
ihr trinket und werdet doch nicht trunken;
ihr kleidet euch und könnt euch doch nicht erwärmen;
und wer Geld verdient, der legt's in einen löchrigen Beutel.
Haggia 1.6
Vicki Baum: Vorwort zu „Kristalle im Lehm"

Eine ausführliche Würdigung der Mutter, wenn auch in Prosa, findet sich in der Anzeige für Lucie P. Nicht nur dass sie ihren Söhnen »Hilfe zur Selbsthilfe« leistete, sondern auch ihre persönlichen Leitsprüche verdienen heute noch gefällige Beachtung.

Eher auf die Rahmendaten konzentrieren sich hingegen die Kinder von Barbara B. Sie zeichnen nicht nur den Berufsweg ihres 35 Jahre zuvor verstorbenen Vaters noch einmal nach, sondern teilen dem interessierten Leser auch sämtliche Anschriften ihrer Mutter mit, von der Wiege in Niederschlesien bis zum Pflegeheim im niedersächsischen Peine.

Wenn Ihr mich sucht, sucht mich in Euren Herzen.
Habe ich dort eine Bleibe gefunden,
lebe ich in Euch weiter.

Dr.-Ing. Klaus B   , Dortmund, gibt zugleich namens seiner Geschwister Bärbel D   geb. B   , Essen, und Dipl.-Ing. Helmut W. B   , Klein Ilsede sowie aller Angehörigen Kenntnis vom Abschied unserer sehr lieben Mutter

Barbara B

geb. P

* 27. 9. 1913   † 23. 10. 2004

In Liebe und Dankbarkeit verneigen wir uns alle, verbunden mit vielfältigstem Dank auch, daß sie so lange und zudem 35 Jahre länger als unser ebenso liebevoller Vater, Dipl.-Ing. Rudolf B   (18. 3. 1910 – 28. 12. 1969, jew. in Essen; Fried. Krupp, Essen, Panzerplattenwalzwerk II 1934 – 1945, Ruhrgas AG, Essen, seit 1946) sowie ähnlich lange wie unser lieber Nenn- bzw. Patenonkel und Freund unserer Eltern, Schul- und Studienfreund unseres Vaters (Helmholtz-Gymnasium, Essen, T. H. bzw. Universität Breslau), Dr. jur. Kurt S (2. 6. 1910 – 30. 6. 2003 jew. in Essen; in Rechtsfragen persönlicher Vertrauter der Familie Krupp und juristischer Berater des Krupp-Konzerns sowie u. a. der Alfried Krupp von Bohlen und Halbach-Stiftung) unter uns weilen durfte.

Barbara B   geb. P   , *27. 9. 1913 in Fraustadt/Niederschlesien, Mitbürgerin von Fraustadt (Steinweg 2–4) bis 1936 und infolge kriegsbedingter Evakuierung zu ihren Eltern Emil und Else P   von Herbst 1942 bis 21. 1. 1945, von Essen (Kahrstraße 30, Goethestraße 56, Bredowstraße 1, Werrastraße 21) von 1936 bis 1973, von Suhl/Thür. (Gothaer Straße 24) 1945 und von Klein Ilsede (Heideweg 29, Königsberger Straße 17) seit 1973 (seit kurz nach ihrem 87. Geburtstag infolge gesundheitlichen Malheurs mit Verlust des Kurzzeitgedächtnisses u. a. im Wohnpark Fuhseblick, Pflegestation, in Peine bis 23. 10. 2004. 6 Uhr).

Dass die Mutterliebe weit über Pflege-
heim und Grab hinausreicht, verdeutlicht
die folgende Anzeige. Zum 100. Geburtstag überreicht Helga G. ihrer verstorbenen Mutter Hanni W. per Anzeige einen
Strauß frischer Schnittblumen und kündigt darüber hinaus eine Feier »am Mut-
tertag« an. Man möchte lieber nicht so
genau wissen, wer sich da als Gast einfin-
det.

Die Anzeige für Barbara F., in Personal-
union Mutter, Schwiegermutter und
Omi, überrascht den unvorbereiteten
Leser hingegen durch ein ungewöhnliches Bildmotiv.

Und da wir nun schon einmal bei den Tieren sind: Nicht nur als Mutter, sondern auch als »Katzenmutter« wird Else Margot B. in dieser etwas rätselhaften Anzeige gewürdigt, die am Rande auch dem Halbbruder Klaus Dieter P. gewidmet ist. Und der Katze Else.

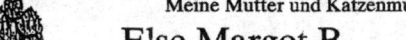

Meine Mutter und Katzenmutter

Else Margot B

mein Bruder

Klaus Dieter P

Habe zwei Menschen verloren die mir nahe standen. Zuerst meine Mutter Else Margot B   , danach meinen Halbbruder Klaus Dieter P

Mutter, Du schliefst in tiefer Ruhe ein. Mutter, Du hast uns alles gegeben und vieles beigebracht. Wir Söhne leben heute davon, bis auf Klaus, der heute zu Dir kam. Dafür danken wir Dir. Als Katzenmutter hast Du Dir einen Namen gemacht. „Else" kam und alles war wieder in Ordnung.

Gott sei ihr gnädig, gib ihr den Katzenhimmel und Klaus soll Dir zur Seite stehen.

Die überragende Bedeutung der Mutter zeigt sich vor allem dort, wo eigentlich um jemanden anderen getrauert wird. Beispielsweise um den Lebens- und Steuerberater Hermann M., dem aufgetragen wird, im Jenseits ganz herzlich »die Mutti« zu grüßen.

Ich habe den guten Kampf gekämpft, den Lauf vollendet, den Glauben bewahrt, ...
(2. Tim. 4,7-8)

Hermann M

16. 12. 1900 – 26. 11. 1994
Steuerberater – Lebensberater
Komturritter des Heiligen Papstes Silvester

Grüß uns die Mutti!

Es gibt eigentlich nur eine Person, die es im Familienkreise mit »der Mutter« aufnehmen kann. Und das ist – wie die folgende Anzeige eindrucksvoll belegt – die Großmutter.

Meine liebe Großmutter

Apolonia H

* 11.1.1920   † 25.8.2008

ist tot.

Tausend Tränen und noch mehr werde ich um Dich weinen. Hab Dank für Deine Liebe, hab Dank für die vielen wundervollen Jahre, die ich bei Dir und Opa aufwachsen durfte. Hab Dank, dass Du so lange bei uns warst und immer wissen wolltest, wie es uns geht. Hab Dank für die vielen Zuckerbrote, die Du uns, Deinen Enkelkindern, nach dem Toben, draußen in der ländlichen Idylle Mecklenburgs, gemacht hast. Hab Dank für die eingeweckten Erdbeeren und Eierpflaumen. Hab Dank für alles, was Du für uns, für mich getan hast. Du hast nie geklagt. Tapfer hast Du mit Deinem lieben Mann den größten Kummer Eures Lebens ertragen. Als es unerträglich war, hat er Dich getröstet mit den Worten „halt aus, irgendwann ist es vorbei". Wir haben uns getröstet, wenn die Sehnsucht so unendlich groß war. Wenn Du wieder einmal vergeblich auf Deinen Jungen gewartet hast, habe ich Dich in den Arm genommen. „Vergiss mich nicht" hast Du manchmal gesagt. „Wie könnt ich Dich vergessen, Omilein". Wie könnt ich Dich vergessen, liebste kleine Omi. Du wirst mir fehlen, für immer fehlen. Bleiben werden die schönen Erinnerungen. Die kann uns keiner nehmen. Ja, wie könnt ich Dich je vergessen, Dich, liebste Großmutter. Du warst mir Omi und Mutter zugleich.

In Liebe Deine Enkeltochter Solveig

Eine weniger pathetische, dafür umso sympathischere Würdigung seiner 95-jährigen »liebsten Omi« gelingt Enkel Heinz.

Kein hett Di seihn as Du güngst. Heute, mit dem weiten Blick nach Süden bis hin zum Odenwald, an einem sonnig-windigen Oktobermorgen, gleich nach dem Frühstück, da bist du fast unmerklich eingenickt,

meine liebste Omi

ja, nur eine Woche nach Deinem Geburtstag, dem fünfundneunzigsten. In zwei Wochen geht's wieder heim, hieß es, und dann, naja, ein „schwaches Herz".

„Leben heißt kämpfen" hängt eine blasse, alte Kachel an Deiner Wand, und Du hast gekämpft. Um Deine Familie, Deine Tochter kam wenige Monate nach der Hochzeit. Du hast um Dein Haus gekämpft: damals, nach dem schwarzen Freitag, da knietest Du vor dem Kredithai und dem guten Gerichtsvollzieher im Staub, Du hast gekämpft und gewonnen. Und Du hast verloren: Deinen Mann Hinrich, den riß ein Unfall schon in den Fünfzigern fort, kaum daß ich beim Doppelkopf saß auf seinem Schoß – grad für eine winzige Rente konnten da gute Freunde von der Post noch sorgen. Aber Deines Bäckervaters Erbe, das nahmen Dir andere doch. – Ich dank' Dir so, Du, meine andre Mutter, Du hast mich gewiegt die ersten Jahre. Du liebtest die frische Brise übern Heidberg und Kaffee unn Butterkoken inne bulligwarme Stuuv. Du liebtest 4711 und Rudolf Schock, die Reiterturniere aus Verden und Boris Beckers Tennis, Du liebtest den Fußball und das Scrabbeln bi us tohuus, unn hess ouk alle Punkte kregen. Du hess mi Platt bibrocht as eck al lütt wor – dat is ouk Din Arw, Lütt Mimi – wer snackt nu no mest mi? Vör fiefunntwinnich Johr büss Du vun'n Heidsand tou us komen. Ober nu steit sei stille, Din Grote Ticktack. – Weit draußen treibt Regen vorbei, beim letzten Blick zu Dir da leuchtet vor den Taunuswolken ein Regenbogen auf. Herbst – die Blätter fallen, naß, goldgelb, im Wind. Da seh ich Dich sitzen beim Frühstückskaffee, as jümmer ganz knapp aufm Stuhl, ein' Hedwig oder das Kaiserbrötchen? Ich dank Dir so für all Deine Zeit und Dein Herz, für Deine ernsten und Deine guten Worte mit mir. Wenn meine Tränen trocknen, schreiten wir weiter. Du bist mir Mut und Stärke, meine kleine liebste Omi, und ich weiß, tief in mir bist Du dabei. Eck hev Di sou leev
Dein Heinz.

127

Großväter werden demgegenüber eher kurz abgefertigt, wobei die Daten manche Frage aufwerfen.

18. Februar 1985 - 15. September 1986

Opa wird nicht mehr gebraucht

Opa kann gehen

Vielen Dank Ingrid

Weniger herzlos wird der fast 80-jährige Hans G. von seinen Angehörigen verabschiedet. Und doch hat jeder von ihnen nur einen müden Satz für ihn übrig.

Hans G

* 24. Juni 1926   † 5. Juni 2006

Irmgard: „Ruh dich aus mein Hannes, von einem langen Leben."
Jan: „Schlaf gut mein Soldat."
Janina: „Du Opaaa, danke für die Zeit mit dir."
Petra: „Tschüß mein Hans!"
Thomas: „Dein Platz ist leer, mach's gut mein Kleiner."
Ecki: „Trauern ist liebevolles Erinnern."

Die Perle fiel aus der Familienkrone

Ihrem Wunsch entsprechend haben wir am 29. September 1980 in aller Stille unsere liebe und gute Mutter, Großmutter und Schwiegermutter, Frau

Sofie D

geb. G

zum Grabe begleitet.

Allen denen, die ihr die letzte Ehre erwiesen haben, sei recht herzlich gedankt.

Ob es sich um Oma, Opa, Erbonkel oder -tante handelt, nicht immer ist es ganz einfach, den Verlust eines geliebten Familienmitglieds sprachlich zu fassen.

In schwerer Stunde rückt die Familie näher zusammen. Gerade diejenigen, die allein zurückbleiben, brauchen Unterstützung und Trost. Daher ist die Bereitschaft, am Grabe gute Worte zu spenden, häufig nicht gering. Und so ergibt sich manchmal auf der Trauerfeier unerwartet Gelegenheit, höchst willkommene Komplimente entgegenzunehmen.

Danksagung – Statt Karten

Die überaus große und liebevolle Anteilnahme anlässlich des plötzlichen Todes meiner von mir so sehr geliebten Schwester

Anna-Christiane Sch

hat mich sehr angerührt und bewegt.

Ich habe von schönsten Erlebnissen und guten Gesprächen mit meiner Schwester erfahren, die mir ganz unbekannt waren.

Außerdem ist mir bisher gar nicht so bewusst gewesen, mit welcher feinen, innigen Einfühlung die ungewöhnlich selten schöne Beziehung zwischen meiner Zwillingsschwester und mir immer wahrgenommen worden ist.

Ich möchte mich an dieser Stelle von ganzem Herzen bedanken.

Uta-Ulrike Sch

Immer sind irgendwo Spuren Deines Lebens.
Gedanken, Bilder, Augenblicke und Gefühle.
Sie werden mich immer an Dich erinnern,
und Dich dadurch nie vergessen lassen.

Nachruf
für meinen Onkel

Erich H

19. 5. 1922   † 9. 7. 2006 (gefunden)

Onkel Erich, Deine freundliche Art und Deine
Hilfsbereitschaft mit der Du **jedem** geholfen hast,
bleibt stets unvergessen.

Die unwürdige Bestattung hattest Du nicht verdient.

Leider wurde mir verwehrt, Dir zu helfen. Ebenso wurde ich
daran gehindert, Dich auf Deinem letzten Weg zu begleiten

Doch Dein Geist wird weiterleben.

In stiller Trauer
Franz S

Meiderich im August 2006

Doch in vielen Familien gibt es Spannungen, Zerwürfnisse, Streit. Das lässt sich hin und wieder auch an den Traueranzeigen ablesen.

Enkelin Nina nutzt die Anzeige für die »liebe Oma«, um sich von ihren ungeliebten Anverwandten sprachlich nicht ganz störungsfrei abzusetzen.

Eine liebe Oma hat ihren Frieden gefunden.

Frieda K

In stillem Gedenken:
Nina

Ich distanziere mich, mit Bruno K   und Karin R   in Verbindung gebracht zu werden.
Kassel, im Januar 1989

Manchmal ist es aber auch der Verstorbene selbst, zu dem die Verwandtschaft leicht, aber doch erkennbar in Distanz tritt, wie bei Raucher Bernhard Hermann E.

DIE LETZTE ZIGARETTE IST GERAUCHT. ER HATTE ES NICHT IMMER LEICHT. ABER WIR AUCH NICHT MIT IHM.

BERNHARD HERMANN E

* 10. NOVEMBER 1927   † 26. AUGUST 2008

91097 OBERREICHENBACH

SYDNEY, KIRCHROTH

CORNELIA UND ROBIN S
BERNHARD UND ZIGGY E
MICHAEL UND ALEXANDRA
JENNY, ANDY UND SANDRO E

Wenig harmonische Familienverhältnisse offenbaren sich auch in dem Nachruf auf zwei Väter, den wir dem Schaumburger Wochenblatt entnommen haben. Man würde die Zeitung wohl bekümmert beiseitelegen, wäre da nicht dieses unvermittelt gut gelaunte Postskriptum, das sich womöglich an einen dritten Vater wendet.

NACHRUF

KARL-HEINZ T

* 01.12.1928   † 28.03.2006

Erst jetzt habe ich durch wahre Freunde
vom Tod meines Vaters erfahren.
Im Gegensatz zu anderen hielt ich ihn
nicht nur für lieb, sondern ich habe ihn
auch geliebt, trotz allem.

Bei meinem leiblichen Vater
Herrn George I
* 11.10.1930   † 23.04.1994

den ich suchen mußte, da er nichts von meiner Existenz
wußte und den ich am 13.09.1992 schwerkrank vorfand,
durfte ich nicht bei der Beerdigung dabei sein,
da ich keine Rechte hatte.
Jetzt durfte ich auch nicht beim Abschied dabei sein,
da ich „nur" die rechtliche Tochter bin.
Lieber Gott, was sind das nur für „Menschen"?
Sigrun Tauber, Carl-Wilhelm-Straße 35, 47798 Krefeld
P.S. Oskar, das waren noch Zeiten!

Den Verlust ihres Vaters muss auch die kleine Linda beklagen. Doch auch wenn es nur **ein** Vater ist, so gehört die Anzeige mit dem von ihr verfassten Abschiedsgruß zu den herzzerreißenden Stücken dieser Sammlung.

du schaust mir in die augen
ganz ganz feste du Hast untz gantz
lieb gehabt und fir dich auch.
die grossen Hände – jetzt sind sie weg
pass gut auf dich auf
Linda

Volker B

* 18. 04. 1955   † 30. 09. 1999

In Liebe und Dankbarkeit
Marion und Linda

Dagegen lässt einen die folgende Anzeige mit dem etwas eigenartigen Kompliment eher schmunzeln – umso mehr, da die Familie angibt, Heinz P. habe sich »zu früh« davongemacht.

zu früh

Heinz P

Er war das Beste, was einer Familie passieren kann.
Wir werden ihn nie vergessen.

NACHRUF

"Arne" "Name", an rauher Nordsee/**"Ringkoebing"**
gefunden! Für Deine Geburt mitgebracht "1959"
dein Leben, kurz wie ein Traum des Dasein´s
verflogen am 30. 1. 2003,
kurz nach Deines Onkel Jacky´s Tod 26. 11. 2002.

3. 12. 2002 **"am Ring"**! Ich stand bei "Rot", Du
gegenüber bei "Rot"! – – – "Grün", – ich ging, – –
Du wartend auf mich! Ich sprach vom Tod Jacky´s!

Schmerzlichstes Zusammentreffen vor
auferzwungenen, verschiedenen Richtungen!
Herzen fehlen Fenster!
Deine lieben Worte, "du hast mir viel bedeutet",
lassen alles Gute und Sinnvolle aufleben,

zum so schmerzlichsten und so plötzlichen **Abriß**!

In innigster Liebe für Euch beide,
Deine Oma und seine Schwester

2. 2. 2003 Zum Gedenken an: **"Arne T   "**

Werden familiäre Interna ausgebreitet,
dann sind Außenstehende häufig über-
fordert, den Worten noch zu folgen. Ein
schwer zu überbietendes Beispiel ist der
obige Nachruf von »deiner Oma und seine Schwester«.

Todesanzeigen künden vom Verlust eines Familienangehörigen. Doch kommen gelegentlich ja auch neue Mitglieder hinzu. Sich das in Erinnerung zu rufen, kann manchmal ganz trostreich sein. Selten gelingt die Verbindung von Geburt und Tod so sinnfällig wie in unserer letzten Anzeige.

Der Herr gab, der Herr nahm.
Während der Geburt der 1. Urenkelin verstarb

Ernestine S

* 8. 8. 1913   † 4. 7. 2004

In stiller Trauer:
Christa S
und Kinder

Die Trauerfeier ist am Freitag, dem 9. Juli 2004, um 13.00 Uhr in der Trauerhalle des Friedhofes in Wiesbaden-Bierstadt.

10

»Ich werde für dich ein paar Zeilen verfassen«

Lyrisches Intermezzo

Auch in den übrigen Kapiteln finden sich manche Verse auf den, die oder das Verstorbene, allerlei Gereimtes und öfter noch Ungereimtes. Doch ist die Anzeigenlyrik ein ganz eigenes Thema, sodass wir unbedingt ein eigenes Kapitel einrichten mussten, um die schönsten Stücke in einem angemessenen Rahmen zu präsentieren. Den Auftakt macht ein kleines Gedicht, mit dem Tochter Liane an ihren Vater Nafis A. erinnert, an dessen Gesundheit sie »feilen« wollte. Gerade die unbekümmerten Reime und das fröhlich verstolperte Versmaß machen diese Anzeige liebenswert.

Zur Erinnerung an meinen Vater

Nafis A.

† 24. 10. 1997

Vor zwei Jahren hast Du uns verlassen, ich werde für Dich ein paar Zeilen verfassen. Ich wollte mein Leben mit Dir in Wiesbaden teilen und an Deiner Gesundheit feilen. Du gabst mir leider die Möglichkeit nicht, denn Du hast die Augen geschlossen und somit Dein Licht. Schwer war es damit zu leben, mein Herz kam oft ins Beben. Tränen zu stoppen das war schwer, ich liebe Dich immer noch sehr.

Deine Liane

In manchen Fällen hat der Verstorbene selbst zur Feder gegriffen, um sich in Versform von seinen Freunden zu verabschieden. Auch wenn Peter F. sicher kein begnadeter Dichter gewesen ist, bekommt sein letzter Gruß durch die Reimerei eine sympathische Leichtigkeit.

Der am 5. März 2003 verstorbene

Peter F

gedenkt mit diesem letzten Gruß
seiner Freunde.

Wer mich gekannt, auch gern gesehen,
dem sei zur Nachricht, dass ich nicht mehr bin.
Ich ging den Weg, den alle müssen gehen.
Für jeden ist die Zeit einmal dahin.
Drum seid gegrüßt noch einmal, liebe Freunde,
und bleibt bei dieser Nachricht nur ein
Weilchen still.
Bleibt immer ehrlich und macht euch
stets nur Freude.
Denkt öfter mal an mich
und vergesst den Peter nicht.

Vom lyrischen Schwung lässt sich Hans K. deutlich höher hinaustreiben. In federnden Jamben strebt er dem Himmel zu, um von dort als leuchtendes Gestirn uns irdischen Trost zu spenden.

Ihr sollt nicht um mich weinen.

Ich habe ja gelebt.

Der Kreis hat sich geschlossen,
der zur Vollendung strebt.

Glaubt nicht, wenn ich gestorben,
dass wir uns ferne sind.

Es grüßt euch meine Seele
als Hauch im Sommerwind.

Und legt der Hauch des Tages
am Abend sich zur Ruh',
send' ich als Stern vom Himmel
euch meine Grüße zu.

Hans K

Vom Versmaß recht ähnlich, in der lyrischen Grundstimmung deutlich anders präsentiert sich das folgende Gedicht. In weitgehend vierfüßigen Jamben verarbeitet ein Ehepaar den tödlichen Motorradunfall ihres Sohnes Wolfgang. Auf so eine Idee muss man erst einmal kommen.

Vor einem Jahr in Neuendeich
holte Gott Dich heim ins Himmelreich.
Motorradfahren war Deine Lust
wir haben es sehr früh gewußt.

Du drehtest auf – es langte nicht
zu halten in der Kurve Dich.
Vorbei Dein Lachen und Dein Scherzen
tief nagt der Schmerz in unseren Herzen.

In Gedenken an unseren lieben Sohn

Wolfgang

Mein Gott, Walter,
es ist wirklich wahr
15 Jahre Rollstuhl
Dein Rentenalter war.

An Deinem 86. Geburtstag
am 19. Februar
kamst Du ins Krankenhaus,
oh Graus - nach 3 Monaten
als Schwerstkranker kamst Du nach Haus.

Doch Dein Lebenslicht ging am
11. Juli 2001 für immer aus.

In schmerzlicher Erinnerung

Deine Frau Trudi

Auch Ehepaare schmieden einander Verse, wenn der Tod sie scheidet. So reimt Trudi ihrem Walter ein Abschiedsgedicht, in dem sie die wichtigsten Eckdaten unterbringt. Auch wenn das nicht ganz geschmackssicher vonstatten geht, so muss man doch zugestehen, dass die jammervolle Geschichte durch die Reimerei viel von ihrem Schrecken verliert.

Bodenständig und alltagsnah sind auch die Reime, mit denen Sohn Achim das Lebenswerk seines Vaters Willy zu würdigen weiß. Obwohl man manchen Zeilen anmerkt, dass Achim darüber ebenso geschwitzt hat wie Willy über seinen Lottoscheinen, so können Profidichter neidisch werden auf die Zeile: »Dein Leben waren Asbach und Kippen«. Erstaunlich nur, dass Willy unter solchen Umständen das hohe Alter von 83 erreicht hat.

Willy

Der Tod gewann schneller als gedacht,
dein letztes Würfelspiel ist gemacht.
Du wirst nicht mehr über dem Lottoschein schwitzen
und nie wieder in geselliger Runde sitzen.
Dein Leben waren ASBACH und KIPPEN
du zogst durch die Kneipen, trotz nichts auf den Rippen.
Statt den Zeichenstift zu schwingen,
wirst du - WILLIAM TRIX - nun zur Harfe singen.
Du hast mit viel Freude genossen dein Leben,
viel Spaß und gute Laune uns gegeben.
Du warst der beste Freund und Vater
und für mich ein guter Berater.
Du wurdest nur 83 Jahr',
in dieser Zeit warst du immer für uns da.

In tiefer Trauer und ewiger Erinnerung:
Dein Sohn Achim und Familie

Die Beisetzung fand in aller Stille statt.

Doch müssen es nicht immer die engeren Angehörigen sein, die sich etwas zusammendichten. Mitunter werden auch alte Schulkameradinnen von dem Wunsch überwältigt, ihre Trauer lyrisch zu verarbeiten.

Jo P

† 25. 12. 1994

Du warst ein Klassenkamerad,
immer gut gelaunt und froh,
frech und cool war Deine Art —
ja, das warst Du, lieber Jo.

Heute warf ich Blumen auf Deinen Sarg,
das tat so weh in meinem Herz,
doch die Sonne schien, ein schöner Tag —
Du warst bei uns im größten Schmerz.

Deine ehemalige Klassenkameradin
Carmen N

Aber es gibt nicht nur Gedichte, die in Eigenarbeit erstellt wurden. Manche verlassen sich lieber auf die Verse von anerkannten Profis. Rilke, Hesse oder Goethe sind da die Standardlösung. Dass sich eher mit anderen Dichtern ungewöhnliche Akzente setzen lassen, zeigt das folgende Beispiel.

Eines Morgens sprach die Made:
„Liebes Kind, ich sehe grade,
drüben gibt es frischen Kohl,
den ich hol. So leb denn wohl!"
Heinz Erhardt

PEPE
Peter M

Wir haben einen wertvollen Freund verloren.

Wenden wir uns wieder dem Selbstge-
schriebenen zu, so zeigt sich, dass für
manche dichterisch veranlagten Menschen der Tod ein zu trister Gegenstand
zu sein scheint, um sich in einer Traueranzeige reimend daran abzuarbeiten. Und
so schickt Peter G. als »letzten Gruß« aus
dem sonnigen Gran Canaria lieber ein
Poem, das in verschränkten Reimen die
reizvollen Kontraste der Hauptstadt
preist.

Als letzten Gruß aus der Ferne für meinen verehrten Lehrer

Prof. Dr. Rudolf H

(1922 – 2004)

Las Palmas

So wie zwei ausgestreckte Hände liegt
Las Palmas auf Vulkangestein im Meer.
Die Hauptstadt meiner Insel hat sich sehr
kontrastreich an die Berge angeschmiegt.

Die glatte Seite, das ist Jakobs Hand:
die Promenade, Palmenkübel, Schwellen-
brandung, weißer Sand und sanfte Wellen,
Restaurants, Hotels, der feine Strand.

Die raue Seite, das ist Esaus Hand:
die Altstadt, Plätze, Straßen, Schluchten, grellen
Häuserblocks, mit Hafen, Kais, Kastellen,
Palmensaum und schroffer Felsenwand.

Die Großstadt dieses Kontinents im Kleinen
versteht es, Gegensätze zu vereinen.

Peter G   ©

142

11

»Auf dem Wege der Besserung verstorben«

Optimistisches

Bekanntlich hat jedes Unglück auch seine positiven Seiten. Allerdings ist es unüblich, in Todesanzeigen eigens darauf zu sprechen zu kommen. Wem beispielsweise eine nennenswerte Erbschaft zufällt, der behält das lieber für sich und gibt sich stattdessen besonders zerknirscht. Todesanzeigen heißen ja nicht grundlos Traueranzeigen.

Und doch gibt es sie, die unverwüstlichen Optimisten, die – auch wenn sie einen geliebten Menschen verlieren – noch immer heiter bleiben. Bei unserem ersten Beispiel ist freilich nicht ganz klar, wer sich hier eigentlich freut: Ist es Uwe W., der seinen Hinterbliebenen einen knappen, aber gut gelaunten hannöverschen Abschiedsgruß zukommen lässt? Oder ist es die Familie, die Uwe W. mit diesen Worten entlässt, weil ihr gerade eingefallen ist, dass man sich ja im Himmel wieder begegnet?

Wiedersehn, ach wie schön

Uwe W

* 21. 9. 1940   † 23. 2. 2006

In Liebe und Dankbarkeit
Karla W
Kinder und Großkinder

30163 Hannover

Die Trauerfeier findet am Samstag, dem 4. März, um 16 Uhr in der Neuapostolischen Kirche, Ackerstraße, statt.

Bei unserer nächsten Anzeige, aus dem mittelfränkischen Heroldsberg, spricht alles dafür, dass es der Verstorbene ist, der hier ein rundum positives Resümee zieht. Und das im heimischen Dialekt, in den man besonders gern verfällt, wenn das Gesagte direkt vom Herzen kommt.

Wall's schäi woar!

Heinrich R

90562 Heroldsberg,

Thorsten und Sandra R
Conny
Amboß

Einäscherungsfeier: Mittwoch, den 27. Oktober 1993, um 10.30 Uhr im Krematorium Westfriedhof, Halle I. — Für zugedachte und erwiesene Anteilnahme herzlichen Dank.

Aber auch manche guten Freunde zeigen sich nicht allzu beunruhigt, wenn sich einer von ihnen davonmacht. Vielmehr scheinen sie bloß anerkennend durch die Zähne zu pfeifen, so wie Wolf P. und Josh H. Dass eigens darauf hingewiesen wird, dass sich ausschließlich Lilo S. »in Trauer« befindet, macht nur allzu deutlich: Die beiden andern bleiben locker.

Er hat's geschafft,
hätten wir ihm nie zugetraut!

Dr. Jürgen P

* 30. 12. 1937   † 4. 12. 2008

Wolf P   und **Josh H**
In Trauer: **Lilo S**

Ebenso wenig zerknirscht zeigen sich die Angehörigen von Dr. Elfriede G. Sie verabschieden sich von ihrer Anverwandten mit einem Wunsch, den man häufiger unter Arbeitszeugnissen als in Todesanzeigen liest. Man möchte kaum glauben, dass sie wirklich gestorben ist.

Dr. Elfriede G
geb. W
* 5. 6. 1914   † 12. 1. 1996

ist von uns gegangen.

Wir wünschen ihr alles Gute.

Die Angehörigen

Die Freunde von Rita bekunden hingegen ihre Trauer. Und doch kommen auch sie nicht umhin, einen positiven Aspekt hervorzuheben. Bei näherer Betrachtung erweist sich der allerdings als recht eigenartig. Denn es heißt, Rita hätte sich gefreut, wenn sie »diese Nachricht« hätte lesen können. Allerdings lautet diese Nachricht: »Dein letzter Kampf ist verloren.«

Dein letzter Kampf ist verloren.

**Lesen kannst Du diese Nachricht nicht mehr
— aber — Du hättest Dich darüber gefreut**

Rita
* 22. 2. 1950   † 23. 1. 1992

Wir sind sehr traurig.

Die Angehörigen von Boris E. sind hingegen überzeugt, dass zumindest der Sterbeort ganz nach dessen Geschmack geraten ist. Weiterhin nicht alltäglich: Unter den Trauernden befindet sich eine Katze.

Boris E

Berlin - Ibiza

Boris liebte die Sonne und das Meer. Dass er an einem der schönsten Strände starb, mag ihn überrascht haben. Doch die Vorstellung hätte ihm gefallen.

Wir sind unendlich traurig.

Birgit
Nana, Marius und Paula
Cordelia und Frank
Katze „Eivissa"

In der nächsten Anzeige ist es die Trauerfeier, die von der Familie mit einem etwas saloppen Kommentar gewürdigt wird. Man könnte meinen, Manfred H. habe höchstpersönlich seine Abschiedsparty geschmissen.

Manfred H

† 17. Juni 2008

„Er hat sich toll verabschiedet."

Herzlichen Dank

sagen wir allen, die uns am 10. Juli 2008 begleitet haben
und ihre Anteilnahme durch Wort, Schrift und Blumen
zum Ausdruck brachten.

Einen stark entwickelten Sinn, das Positive zu entdecken, offenbart sich auch in folgender Anzeige. Immerhin geht es hier um eine Krankheit, die nach kurzer Zeit tödlich endet. Und doch konnte man mit ihrem Verlauf gar nicht unzufrieden sein.

> Mein lieber Mann, unser fürsorglicher Vater, mein Bruder und Onkel ist plötzlich und unerwartet nach kurzer Krankheit auf dem Wege der Besserung verstorben.

Ganz ähnlich die Einschätzung der Hinterbliebenen von Alfred H.: Operation gelungen – Patient tot. Verstorben an dem plötzlichen Verschluss eines Blutgefäßes, in der Medizinersprache: Embolie. Für die Familie ist das so unbegreiflich, dass sie der Todesursache einen eigenen Namen gibt, der viel klangvoller ist: Einbolle. Eine Embolie ist nur ein Fremdwort. So könnte auch eine italienische Stadt heißen. Oder eine Theaterfigur aus einem Drama von Schiller. Gab es da nicht irgendwo eine Prinzessin von Embolie? Eine »Einbolle« hingegen ist unzweifelhaft etwas Ernsthaftes und schmerzt bereits beim Lesen. Es durchbollert förmlich unsere Eingeweide, und wir nicken wissend: Natürlich, eine Einbolle, da hatte das innig geliebte Väterchen auch bei Aufbietung aller ärztlichen Kunst keine Chance.

> Stuttgart, den 9. Juni 1972
>
> Nach geglückter Operation starb an einer Einbolle unser ganz innig geliebtes Väterchen
>
> ## Alfred H

Die Erinnerungsanzeige für Jupp H. überrascht hingegen mit einem dreifachen Jubiläum. An einem Tag Hochzeitstag der
Eltern, Tauftag und Todestag – wenn das
kein Grund zum Feiern ist.

Jupp H

zum 22. Mai 2006

22. Mai 1920	22. Mai 1921	22. Mai 2005
Vor 86 Jahren war der Hochzeitstag deiner Eltern.	Vor 85 Jahren war dein Tauftag.	Vor 1 Jahr war dein Todestag.

*Der Herr segne
und behüte euch;*   *er lasse sein Angesicht
über dir leuchten*   *und schenke dir
seinen Frieden.*

Und heute?

Gottes Verheißung hat sich erfüllt:
Du bist von seinem Frieden umhüllt,
schaust Gott in seinem himmlischen Licht
von Angesicht zu Angesicht.

Und mit ihm hältst du gewiss im Blick
hier auf Erden unser Geschick.
Hab weiterhin liebevoll auf uns Acht
bitten *Waltraud, Sigrid und Luitgard.*

Auch bei unserer letzten Anzeige geht es um ein denkwürdiges Jubiläum. Mit ihm leiten wir schon über in das nächste Kapitel, das dem
Eheleben gewidmet ist. Die sechs Kinder von Katharina und Wilhelm T. gratulieren »ganz herzlich« zur goldenen Hochzeit – allerdings nur ihrer Mutter, denn der Herr Vater ist bereits verstorben.

Das Fest der goldenen Hochzeit
ist Euch leider versagt geblieben

17. April 1946 – 17. April 1996

KATHARINA geb. HAUPT und WILHELM (†) T

Unserer lieben Mutter gratulieren wir ganz herzlich zu diesem besonderen Jubiläum.

In großer Dankbarkeit und Verehrung

12

»Man muss erst Witwer werden«

Eheleben

Wie es mit dem Eheleben bestellt ist, das lässt sich ein wenig auch an den Todesanzeigen ablesen. Denn Ehe und Tod haben mehr miteinander zu tun, als man im ersten Augenblick meint. Darauf deutet schon die altehrwürdige Trau- und Treueformel hin: »Bis dass der Tod euch scheidet«. Nun tritt die Scheidung in vielen Fällen bereits vor dem Tod ein, nach langen Jahren gemeinsamer Anstrengung, die Ehe gründlich zu zerrütten. Umso dankbarer liest man Annoncen, die von einem langen, harmonischen und bis an die letzte Schwelle einvernehmlichen Eheleben künden. So wie bei den Eheleuten F. aus der Nähe von Marburg.

Sie lebten in Harmonie – sie gingen wie verabredet

Arthur F

* 7. 2. 1911   † 29. 9. 1996
Alten-Pflegeheim Elisabeth, Niederweimar

Gertrud F
geb. F

* 21. 12. 1915   † 30. 9. 1996
Diakonie-Krankenhaus, Marburg-Wehrda

In stiller Trauer:

Günter G   und Frau Karin mit Lucien und Ronnie
Hans S   und Frau Pia mit Andreas
Frank S   und Silke J   mit Paul Danilo
Helmut W   und Frau Elfriede

Die Trauerfeierlichkeiten finden am Dienstag, dem 8. Oktober 1996, um 14.00 Uhr in Niederweimar, evangelisches Gemeindezentrum, statt.

Eine Überdosis inniger Verbundenheit trieft hingegen aus der folgenden Anzeige, die ein Mann, der sich »Knuffel« nennt, für seine Frau aufgegeben hat, die er dem Lesepublikum als sein »über alles geliebtes kleines Schneegänschen« vorstellt.

Mein über alles geliebtes kleines

Schneegänschen

Ich vermisse Dich so sehr.
Ich kann und werde es nie begreifen.
Du warst immer für mich da, zu jeder Zeit.
Du warst die Sonne in meinem Herzen.
Du hast mir die Wärme und das Licht gegeben.
Ohne Dich ist alles so unendlich sinnlos und leer geworden.
Jeden Tag, jede Stunde denke ich an Dich,
heute tue ich es besonders schmerzlich,
weil ich viel, viel lieber bei Dir sein,
Dich in meine Arme nehmen und Dir sagen möchte
„ich hab Dich lieb"!

Mein kleines Gänschen,
mache Dir um **unser** Bienchen keine Sorgen.
Wir werden zusammenhalten, egal was kommt.
Ich werde immer für Bienchen dasein
und auf es aufpassen.
So, wie Du, mein kleines Gänschen es immer getan hast.

Ich möchte jetzt nur noch DANKE sagen.
Danke für all die schönen Stunden, die ich bei Dir sein durfte.

Dein Dich ewig liebender Knuffel

Für eine gewiss nicht weniger überzeugende Liebeserklärung an Eleonore U. genügen ihrem Mann ganze drei Zeilen.

Ich war der Bottich,
Du drin der Hering,
und das Salz zwischen uns war die Liebe.

Eleonore U

Eher differenziert, doch mit sehr viel Sympathie formuliert die Ehefrau die Anzeige für ihren Mann und ihre Jugendliebe, »Herrn Werner«. Ein »Kerl wie ein Baum«, der doch ein »gutes, ganz kleines« Herz besaß. Allerdings trifft einen der letzte Satz regelrecht ins Mark.

Mein Mann, meine Jugendliebe

Herr Werner

ein Kerl wie ein Baum, voller Widerstand und unbeugsam, aber mit einem guten ganz kleinen Herzen, erlag, nur 54 Jahre alt, in tiefer Demut der Macht des Todes, mit der er fast ein Jahr in größten Schmerzen, seelischen Qualen, schwankend zwischen Hoffnung und auswegloser Verzweiflung kämpfte.

Unsere Harmonie war nie besser als in der Zeit des Leidens.

Glückliche, wunderbare Erhabenheit verschönte sein Gesicht, als er diese Welt verließ.

Bis zuletzt gedachte er seines toten Hundes, seines Ströppchens, das er nicht vergessen konnte.

Viele haben ihn belacht, wer wird ihn nun beweinen.

Noch ernüchternder fällt die folgende Anzeige aus. Dabei ist zu bedenken, dass hier die geschiedene Frau um ihren Mann trauert.

Ich trauere um

den Gefährten meiner Jugend,
den Vater meiner Kinder,
den Ernährer der einstigen Familie

Dr. Wolfgang V

* 15. 4. 1925   † 26. 1. 2005

Möge ihm die Erde leicht sein.

Ebenfalls von der geschiedenen Ehefrau wurde die Anzeige für den Handballer Erich K. aufgegeben. Doch wie sich zeigt, verbirgt sich hinter der unauffälligen Traueranzeige eine regelrechte Familientragödie.

Wir denken anläßlich des 1jährigen Todestages und Vollendung des 48. Lebensjahres an unseren Vater und geschiedenen Ehemann,

den Handballer

Erich K

* 22. 4. 1935   † 17. 4. 1982

Er war uns immer ein pflichtbewußter, treusorgender Vater, ein ehrgeiziger, erfolgreicher Sportler und Trainer sowie ein guter Ehemann.

Sein Tod bleibt unverständlich, aber er wird uns immer unvergeßlich sein.

Gisela K

Antje und Carsten

Kassel,

Es muß einmal gesagt werden!!!

Anläßlich des 1. Todestages meines geschiedenen Mannes möchte ich folgendes klarstellen: Durch meine Tätigkeit im Außendienst sowie durch häufige Besuche vieler Lokale in Kassel muß ich bei Nennung meines Namens immer wieder feststellen, daß man mich fragt: »Sind Sie die Frau K   vom Handballer K   «; und wenn ich diese Frage bejahe, folgt meist ein zweideutiges Grinsen oder ich muß Kommentare zum plötzlichen Ableben meines verflossenen Ehemannes abgeben. Hiermit gebe folgendes im Namen meiner beiden Kinder und in meinem Namen bekannt: Ja, ich fühle mich an seinem plötzlichen Tod schuldig, wenn man es als Schuld ansieht, daß ich mich nach 14jähriger Handball-Ehe scheiden lassen wollte — unter Verzicht auf Unterhalt. Leider ist den meisten lieben Mitmenschen nicht bekannt, daß ich als sogenannte »femme fatale« (dank zeitweiser Tätigkeit in Bars als Animierdame sowie als Tänzerin), mir schon vor Jahren aus Unverständnis meiner Familie gegenüber das Leben nehmen wollte. Ich habe mich als Frau mit zwei kleinen Kindern, einem Zweifamilienhaus, einer plötzlich verwitweten Mutter und 14jähriger Berufslosigkeit gegenüber einer Männerwelt und sehr viel Gehässigkeit durchkämpfen müssen, wobei mir niemand geholfen hat. Meine Familie, das heißt mein eigener Bruder und Vater, hat mich hinter meinem Rücken unter Pflegschaft stellen lassen und hätte mich liebend gern in eine Nervenheilanstalt bringen lassen, aus meiner Familie die Schande wegen meiner Bartätigkeit zu ersparen, die bei den meisten Mitmenschen mit der Tätigkeit als Hosteß gleichgesetzt wird. Ich habe mir meine persönliche Freiheit und meinen beruflichen Erfolg hart erkämpfen müssen. Deshalb bin ich nicht mehr bereit, mir Sachen unterstellen zu lassen, die nicht den Tatsachen entsprechen und ich werde in Zukunft jeden diesbezüglich wegen Beleidigung belangen."

Gisela K   **3500 Kassel.**

GELIEFDE VROUW
NEEM MIJ NU MEE
DE WEG VAN T'GELUK
IN EEUWIGHEID
GA IK MET JOU
GELIEFDE VROUW

GELIEBTE FRAU
NIMM MICH NUN MIT
ICH KENN DEN WEG
DER EWIGKEIT
DES GLÜCKS GENAU
GELIEBTE FRAU

Mein lieber Ehemann

Horst J

* 16. 9. 1914   † 10. 3. 1988

ist mir in den Schoß der Ewigkeit gefolgt.

Trijntje Marretje J

(gestorben am 18. 8. 1976)

Hochdahl-Millrath

Die Trauerfeier findet am Mittwoch, dem 16. März 1988, um 11.00 Uhr in der Neanderkirche in Hochdahl statt. Anschließend ist die Beisetzung auf dem dortigen Neanderfriedhof.

Was hingegen eine richtig gute Ehe ist, so überwindet die nicht nur nationale Grenzen, sondern auch die Schwelle des Todes. Darauf deutet zumindest die erstaunliche Anzeige für den »lieben Ehemann« Horst J. hin. Aufgegeben hat sie seine holländische Gattin Trijntje Marretje, die elf Jahre zuvor vorangegangen ist.

Aus einem ganz anderen Grund fällt die Anzeige für Brigitte Dagmar A. aus dem gewohnten Rahmen. Gatte Karl-Heinz hat eine ungewöhnlich ausführliche Danksagung verfasst, in der er nicht nur seinem Schöpfer für dreißig Ehejahre dankt. Er vergisst auch das Reisebüro Schwarz nicht, das kurzfristig eine Bahnreise mit dem Eurostar zu einem Verwandtenbesuch in London arrangierte. Und nicht nur das ...

Danke, Gott dem Schöpfer, für 30 gemeinsame Jahre mit meiner gütigen Frau

Brigitte Dagmar A

geb. B

* 1941   † 1997

Danke für die 16 Monate, die uns seit Ausbruch ihrer schweren Krankheit noch für gemeinsame Unternehmungen mit unseren Freunden blieben.

Danke Herrn Dr. Hufschmid, Interlaken, dem Spital Interlaken, der Rettungsstaffel für den schnellen Transport nach Bern, den Ärzten, Schwestern, Helfern des Insel-Spitals der Universitätskliniken Bern für die Operation und das außergewöhnliche soziale Umfeld, das den Aufenthalt meiner Frau und meinen Aufenthalt in der Klinik sehr erleichterte, den Schweizer Bürgern, die sich um meine Frau bemühten, ihren besten Freunden Fritz Lehr und Frau, denen auch der Weg nach Bern nicht zu weit war, um meiner Frau nahe zu sein, Herrn und Frau Zingg, die sich um uns bemühten, dem ADAC für den Rücktransport, Herrn Prof. Dr. Remmele und Frau Dr. Remmele für die jahrzehntelange Verbundenheit, Frau Dr. Lotz von den Dr.-Horst-Schmidt-Kliniken, Wiesbaden, Herrn Dr. med. Daltrop für seine Bemühungen, der Strahlentherapie des St.-Josef-Hospitals, Frau Eva Christ für die Beratungen mit Herrn Dr. Nowicky, Wien, und Herrn Dr. Aschoff, Edenkoben, Herrn Prof. Dr. Scherber in Regensburg für die Jomol-Therapie, der Deilmann-Reederei für die bevorzugte Behandlung auf unseren Reisen in Südfrankreich, Österreich, Ungarn, der KD-Kabinenschiff-Besatzung auf der Reise mit der Austria, dem Reisebüro Schwarz für die kurzfristige Organisation der Bahnreise mit dem Eurostar zu einem Verwandtenbesuch nach London, der Reise Davos, St. Moritz, Montreux mit Glacier-Express und SBB. Danke Freunden für Theaterbesuche und Fahrten auf dem Rhein, Schweizer Freunden für das schöne Fest am Zuger See und Bootsfahrten auf dem Vierwaldstätter See, die schöne Zeit in Interlaken und in Montreux. Danke Herrn Dengel und Frau, den Nachbarn, die zu Freunden wurden, unserer Frau Oppermann, die ihr Bestes gab, Frau Gudrun Wallers für die Pflege, die den Aufenthalt meiner Frau bis zuletzt in der Wohnung möglich machte, Uwe und Karin Teichmann, Frau Langer und Frau E. Holl-Blanchouin aus Paris für die Unterstützung in schwerer Stunde, den Mitarbeiterinnen und Mitarbeitern von Elektro-Holl GmbH, Frau Inge Ott, den Nachbarn, Freunden und Bekannten für Besuche und Blumengrüße, Frau Wallers und Frau Beatrix Angermann, die ihrer Patentante und mir in der Sterbestunde beistanden, allen lieben Menschen, die für meine Frau beteten und ihrer gedachten, dem Bestattungsinstitut Carl Becht und Frau Pfarrerin Plaschke für die Beerdigung auf dem Waldfriedhof in Wiesbaden-Dotzheim in der Grabstätte Altenhofen, im Nordwesten, ca. 200 Schritte von der Trauerhalle nach links zu erreichen.

Im Sinne meiner verstorbenen Frau habe ich mir übergebene Geldspenden an die von-Bodelschwinghsche Anstalten Bethel, Sparkasse Bielefeld, Konto 6 42 01 03, BLZ 48 050 161, für behinderte Kinder überwiesen. Vielen Dank.

Karl-Heinz A

Ein wenig weit ausholend ist auch die folgende Anzeige, die uns mit einer alten jüdischen Überlieferung bekannt macht. Und doch liegt gerade in dieser Umständlichkeit etwas Grundsympathisches. Zumal an der Schlussfolgerung von Hans Hermann T. gewiss nicht zu zweifeln ist.

Eine alte jüdische Überlieferung erzählt folgendes:

Es waren einmal ein frommer Mann und eine fromme Frau. Weil sie kinderlos waren und meinten, Gott darin keinen Dienst zu erweisen, trennten sie sich. Der Mann ging hin und heiratete eine schlechte Frau, und sie machte ihn schlecht. Die Frau ging hin und heiratete einen schlechten Mann, und sie machte ihn gut. Also hängt alles, so schließt diese jüdische Weisheit, also hängt alles von der Frau ab.

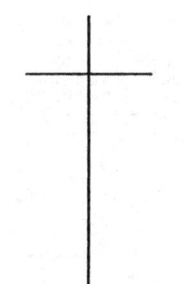

D
A
N
K
E

Glücklich kann sich der schätzen, der eine gute Frau an seiner Seite hat,
da macht es nichts aus, wenn er selbst nicht ganz und gar gut ist,
nicht stark aus sich heraus, Hauptsache, die Frau, die mit ihm ist,
hat einen wachen Geist, einen klaren Verstand und ein gutes Herz.

Allen, die mit viel Einfühlsamkeit, tröstenden Worten und Mitgefühl, einen würdigen Abschied ermöglicht haben.

Besonderen Dank sagen wir Herrn Pfarrer Dr. V und unseren Freunden Klaus und Irene R

Helga
T

Hans Hermann T
Ralf T   und Manuela
Holger T   , Anette, Lisa und Julia

63150 Heusenstamm-Rembrücken, im März 2006

Eine Todesanzeige für den Ehepartner eignet sich jedoch nicht nur dazu, das langjährige Einvernehmen zweier Menschen zu dokumentieren. Der 88-jährige Wilhelm B. nutzt die Gelegenheit, das geneigte Publikum auf einen exquisiten literarischen Leckerbissen aufmerksam zu machen.

Meine liebe Frau und Mutter

Johanna Maria B

geb. S

entschlief nach vielen Monaten erduldeter Schmerzen am Sonntag, dem 10. März 1996, 5 Tage vor ihrem 62. Geburtstag.

Aus tiefster Traurigkeit heraus teile ich, ihr 88jähriger Mann, den sie immer Bill nannte, mit, daß ich ihr, meiner geliebten und charmanten Hanny, ein literarisches Denkmal unserer 43jährigen gemeinsamen Ehe, mit ihren Freuden und Leiden für die Nachwelt geschaffen habe, wo auch die glücklichen Stunden in ihrer 2. Heimat Spanien Erwähnung fanden. Dies ist nachzulesen in dem als literarische Seltenheit erschienenen Buch „DER TRANSITARIO", das besonders im deutschsprachigen Ausland als einmaliges Werk anerkannt und hervorgehoben worden ist.

Einblicke in das fein aufeinander abgestimmte Eheleben eines Reiterpaares eröffnet hingegen die folgende Anzeige. Sie zeigt, wie sich Mensch und Tier in schwerer Stunde aufs Vortrefflichste ergänzen.

Statt Karten

Ich gebe Kenntnis, daß mein Mann

Dr. Herbert S

* 3. 7. 1922

am 25. April 1992 gestorben ist.

Seine Pferde haben die erste Totenwache gehalten.

Dr. Jutta S

Nach einer entwicklungsreichen Ehe-Partnerschaft ist meine große, geistige und spirituelle Liebe

Freiherr
Eberhard von G

durch Gottes Gnade und einen leichten Tod in die jenseitige Welt gegangen.

Als erste und allerbeste Vertraute werde ich ihm in tiefer Liebe helfen, mit seiner Seele und seinem Geist in Gottes Licht zu streben.

Seine individuelle Persönlichkeit zeigte immer eine großherzige, würdevolle, wohlwollende, liebevolle Art im Umgang mit seinen Mitmenschen.

Ich hoffe, dass sein tiefer Wunsch, das aus seinem Landgut Rineck ein göttliches, spirituelles Zentrum wird, sich erfüllen wird.

Die Beisetzung findet im engsten Familienkreis in Mannheim statt.

Gertraud R
und unser Berner Sennhund Simba

Und da wir – wie fast in jedem Kapitel – nun wieder bei den Tieren angelangt sind, darf hier die Anzeige für Freiherr Eberhard von G. nicht fehlen. Denn sie macht uns nicht nur mit der spirituellen Nähe der Eheleute bekannt, die im Jenseits fortdauert, sondern sie ist auch vom Berner Sennhund Simba unterzeichnet.

Das Ende einer interessanten Reise.

Karl P. E

* 14. Mai 1928, Erding   † 2. November 2008, Palm Springs/Kalifornien

Kriegsteilnehmer 2. Weltkrieg, Luftwaffenoberhelfer (1/475)
Träger des Flak-Kampfabzeichens
und der Kriegsverdienstmedaille II. Klasse mit Schwertern
Angestellter im Süddeutschen Verlag, Süddeutsche Zeitung und Abendzeitung
nach Auswanderung in die USA Colonel in der Confederate Air Force

Karl liebte Opern, Sport und Fotografie. Er liebte Reisen, meistens mit seiner
Frau Virginia (Ginny † 8. September 2005) und besuchte Baja/Mexiko,
drei Kreuzschifffahrten in der Karibik, Kolumbien/Südamerika, Panama-Kanal,
Barbados, Australien, Tahiti und Neuseeland, 22 Länder in Europa,
sechs kanadische Provinzen und sein größter Stolz, alle 50 Hauptstädte in den USA.

Vorausgegangen sind ihm seine Eltern **Karl** und **Therese**
Brüder **Fritz** und **Dieter**
Schwester **Maria**

In Trauer: Tochter **Karly L**   mit Ehemann **Kevin** und Sohn **Zachary,** Sisters/Oregon
Bruder **Siegfried** mit Frau **Katharina** und Tochter **Sabine,** München
Schwester **Elisabeth M**   mit Söhnen **Steven** und **Sean,** Ulm
und viele liebe Verwandte und Freunde

Traueradresse: Mrs. Karly L

Nicht so sehr in Gottes Licht entschwebt ist Karl E. Vielmehr präsentiert er sich als Mann vom alten Schlag. Sein Motto dürfte nicht
überall Zustimmung finden, auch wenn man die doppelte Bedeutung von »Arbeit machen« zu seinen Gunsten auslegt, nämlich im
Sinne von Arbeit erledigen (und nicht: Arbeit verursachen). So hat
er es ganz gewiss auch gemeint. Darüber hinaus haben uns seine
militärischen Auszeichnungen beeindruckt, vor allem in Kombina-
tion mit seinen Hobbys und seiner stolzen Reisebilanz, der ein ge-
wisses Bemühen um Systematik und Vollständigkeit anzumerken
ist.

Josef W., genannt »Peps«, erledigt die Trauerarbeit gleich im Dreierpack und gedenkt seiner Frauen in einer ungewöhnlichen Sammelanzeige.

IN LIEBER ERINNERUNG

an meine leider viel zu früh verstorbenen Lebenspartnerinnen

Frau Centa W

verst. 25. 7. 1974

Frau Erni W

verst. 3. 12. 1991

Frau Paula M

verst. 3. 12. 1994

Es ist sehr schwer, sich von so lieben, netten Menschen, die herzensgut, fleißig und treu waren, für immer trennen zu müssen. Tapfer und geduldig haben sie bis zum Tode gegen ihre Krankheit angekämpft und auf Besserung gehofft. Unsere gemeinsamen Bemühungen waren jedoch vergebens.

Nochmals ein herzliches Dankeschön für die gemeinsamen glücklichen Jahre, die ich mit jeder von euch erleben durfte. Ihr fehlt mir so sehr!

85238 Petershausen,
im Dezember 1995   **Josef (Peps) W**

Wer meint, »Peps« habe hier vielleicht am falschen Ende gespart und hätte jeder seiner Damen eine eigene Annonce spendieren sollen, der sei auf unser letztes Stück verwiesen. Thomas D. kombiniert hier zwei Anzeigengenres, die ganz gewiss nicht zusammengehören. Der Verdacht liegt nahe, dass es sich um einen geschmacklosen Scherz handelt. Auf der anderen Seite könnte man meinen: Wenn schon eine Anzeigenabteilung so ein Inserat passieren lässt, warum sollte es dann da draußen nicht einen Thomas D. geben, der so eine Kombianzeige für eine richtig gute Idee hält?

Meine über alles und innig geliebte Frau ist ganz plötzlich und unerwartet von uns gegangen.

In tiefer und stiller Trauer

Thomas D.

(38 Jahre ; 182 cm) verw., schl., attr., intell.
romant., sinnl., humorv., reist gern, gut situiert, Nichtr.
jetzt täglich zu erreichen ab 18 Uhr
Handynummer 0151 /

13

»Nie wieder Helgoland!«

Enigmatisches

Wir erreichen nun ein Kapitel, bei dem unser Herz höherschlägt. Denn es ist jenen Anzeigen gewidmet, die uns geheimnisvoll und rätselhaft erscheinen. Mit einem Wort: enigmatisch. Der besondere Reiz dieser Inserate besteht darin, dass wir uns selbst zusammenreimen müssen, was sich hinter den dunklen Worten verbirgt. So mag man sich fragen, was es zu bedeuten habe, dass Karin K. – vermutlich die Ehefrau – den Verstorbenen »den Schreier« nennt. In einem gespenstischen Kontrast dazu steht die Mitteilung, er sei »gefasst und still« seinen letzten Weg gegangen. Und der dritte Satz hat in seiner Vieldeutigkeit geradezu literarische Qualitäten. Ein Roman könnte so enden.

Der Schreier ist tot.

Gefasst und still ist

Gerhard K

seinen letzten Weg gegangen.
Er bleibt vielen in Erinnerung.

Karin K

Landsberg am Lech, 5. September 2005

Der Endler ist tot.

Am 9. September 1999 ist Hellmut Endler in seinem Haus in Peretshofen für immer friedlich eingeschlafen.

Die Trauerfeier mit anschließender Beerdigung findet am 16. September 1999 um 11.00 Uhr in Peretshofen statt.

Unsere zweite Anzeige schließt sich formal an die erste an. Doch scheint sie ohne Umschweife zur Sache zu kommen. Aber gerade das macht sie so rätselhaft. Es gibt niemanden, der seiner Trauer Ausdruck verleiht oder überhaupt nur irgendetwas Näheres über »den Endler« verrät. Aus der dürren Mitteilung, dass er »für immer friedlich eingeschlafen« ist, könnte man einen Anflug von Erleichterung herauslesen. Es gibt niemanden, der in dieser kargen Anzeige auch nur seinen Namen hinterlässt. Wer mag sich da wohl zur Trauerfeier einfinden?

Eine noch ausgeprägtere Sympathie für das Ableben des Betreffenden lässt die Anzeige für Waly H. aus Zürich erahnen. Und hier sind es gleich fünf, die sich »einverstanden« erklären.

Waly H

starb am 21. April 2008. Einverstanden.

Kees

Urs Lisa Dario Tim
Lukas

Dass Gedichte nicht immer restlos zu entschlüsseln sind, wissen wir noch aus dem Schulunterricht. Doch manchmal sind es auch die Illustrationen, die tiefe Rätsel aufgeben – zumal wenn sie mit einem Fragezeichen versehen sind.

ein altes lied dringt
herüber zu mir
bringt schmale resonanz
klingt noch ein wenig nach
mit etwas melancholie
klingt aus
und stille
ein neues lied
ein neuer klang
ohne dich

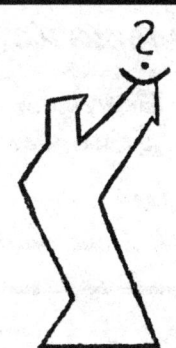

Wir trauern um

Michael K

Silke, Andreas, Christian, Thomas, Wolle, Melanie, Andreas

Bei der folgenden Anzeige sind wir es, die viele Fragezeichen setzen müssen. Doch offenbar hat Rosemarie S. nach ihrem Erdendasein auf dem Planeten Marduk eine neue Heimstatt gefunden. Was dankenswerterweise durch zwei Bilder hinreichend dokumentiert wird.

In memoriam

Nur die Liebe wärmt die Seele

auf Erden

Rosemarie S

† September 1990 – September 1996

Kassel, den 4. September 1996

Planet Marduk

Der Geist hat den Mantel gewechselt
am 27.3.1985 bei Sonnenaufgang

»Nezah«
Hans Andreas Christian M
Erforscher und Begründer der Pentalogisch-Pentadischen Lehre
Ingenieur und Maler (psychodynamisch)
» 5. 12. 1898 — 27. 3. 1985 «

Der Geist schafft das Leben
kleidet sich in Raum und Gestalt
bis der Vorgang — der Tod —
wieder entkleidet und trennt —

Verlag Hans M
Iris S
Edith M
Helmut M
und alle Anverwandten
und Freunde

Die achte Kraft ist der umgestaltende — schwerelösende Wille
Hans M
aus SO 4

Die Feierlichkeiten finden am Samstag, dem 30.3.1985, auf dem alten Friedhof,
Probsteistraße, 6640 Merzig, um 13.45 Uhr statt.

Anzeigen mit einem krude esoterischen Hintergrund finden sich in wachsender Anzahl, was ihren Unterhaltungswert spürbar senkt. Daher beschränken wir uns darauf, als herausragenden Vertreter dieser Gattung die Anzeige von »Nezah« Hans Andreas Christian M. aufzunehmen. Einmal weil uns das Bild vom »Mantel wechselnden Geist« außerordentlich gut gefällt. Dann aber auch weil der Ingenieur und »psychodynamische« Maler M. die »Pentalogisch-Pentadische Lehre« nicht nur erforscht, sondern auch begründet hat, was sogar im Bereich der Esoterik ziemlich einzigartig sein dürfte.

in Memoriam

Helga S

+ 04.02.1992

Seit einem Jahr ist leer Dein Platz,

und ich vermiss' Dich ach so sehr !

Doch was ist los mit Dir, mein Schatz ?

Seit Wochen schon kein Zeichen mehr !

Wolfgang G. S

60322 Frankfurt

"Nie wieder Helgoland !"

"You're the first, the last, my everything!"

Auf einen vage spiritistischen Hintergrund deutet die Anzeige für Helga S. hin, die zwar seit einem Jahr verstorben ist, doch schon seit Wochen »kein Zeichen« mehr sendet. Immerhin ist die Ortsmarke mit »Helgoland« noch vergleichsweise vertraut – auch wenn uns die Botschaft ähnlich unzugänglich ist wie Mitteilungen »aus SO 4« oder vom Planeten Marduk.

Von Helgoland nach Danzig – und gleich haben wir viel festeren Boden unter den Füßen. Der dreimal fanfarenartig herausgestoßene Städtename bezeichnet die Heimat von Agnes B. Und doch bekommt er durch die schmucklose Wiederholung auch etwas von einer Beschwörungsformel.

DANZIG
DANZIG
DANZIG

AGNES B

† 7. Juli 2007

IHRE LIEBE UND FÜRSORGE GALT IHRER
FAMILIE UND UNVERGESSENEN HEIMAT

IN DANKBARKEIT UND TIEFER TRAUER

Auch die Anzeige für Liesel H. ist wohl weit bodenständiger, als es zunächst den Anschein hat, wenn wir lesen müssen, die Verstorbene habe sich zu ihrem »großen Li-Flug« erhoben.

Nicht auf das ewige Leben
kommt es an,
sondern auf die ewige
Lebendigkeit.

Unsere Mutter, Schwiegermutter und Momu

Liesel H

* 23. 2. 1935   † 11. 1. 2003

hat sich zu ihrem großen Li-Flug erhoben.

Bei Hermann B. begegnet uns hingegen das große Raunen. Zunächst erscheint der Verstorbene wie ein alter großer Baum, der »unendlich – still – leise – sanft« zu Boden fällt. Dieses eindrucksvolle Bild wird durch die folgenden vier Sätze eher zurückgenommen als bestärkt. Denn warum sollte nun, da »der Große« gefallen ist, »heilen, was verwundet war«? Heilung womöglich in der »neuen Dimension«, die »beginnen« kann (eine für eine Dimension recht ungewöhnliche Tätigkeit)? Das erinnert nun wieder sehr an »SO 4« und den »Planeten Marduk«.

DER GROSSE FÄLLT
unendlich – still – leise – sanft
JETZT KANN HEILEN WAS VERWUNDET WAR
JETZT KANN EINE NEUE DIMENSION BEGINNEN
JETZT IST ER IN DIE EWIGKEIT UNS VORAUSGEGANGEN
JETZT IST ER ZU HAUSE

HERMANN B

Mit Esoterik hat die folgende Anzeige vermutlich nichts zu tun. Verstörend ist sie trotzdem, wenn der Tod des knapp dreijährigen Otto P. mit einem eher launigen »Heia Safari« begleitet wird. Im Hinblick auf den etwas antiquierten Vornamen könnte man auch vermuten, dass sich beim Geburtsdatum ein Zahlendreher eingeschlichen hat und Otto P. nicht erst 1990, sondern bereits 1909 sein irdisches Leben begonnen hat. Dann wäre das Motto nun wieder als Hinweis auf die beachtliche Vitalität zu werten, die sich Otto P. bis ins hohe Alter bewahrt hat.

Grenzstein des Lebens
doch nicht der Liebe.

Heia Safari

Otto P

* 14.9.1990 † 12.8.1993

Von der Großwildjagd der alten weißen Männer zu den ewigen Jagdgründen, die ja eher der Welt der Indianer entstammen: Dabei ist die Anzeige für »Sternchen« auch mit den raffiniertesten Zahlen- und Buchstabendrehern nicht verständlicher zu machen.

Anläßlich Sternchen's Gang in die ewigen Jagdgründe, bedanke ich mich für die herzliche Anteilnahme und Unterstützung der Gutenberg- und Ludwigstraße.

Besonderen Dank an Familie H

PIT

Doch wird Pit mühelos in den Schatten gestellt von TT, seiner »Nichte 1913« und dem lebenden Kristallkörbchen.

An

T T

1903

Nun bist Du tot - - sodoch,
Dein Kristallkörbchen zu meiner Kommunion
lebt immernoch.

In treuem Gedenken an Dich
Deine Nichte 1913

Hingegen grübelt man bei der Anzeige für den »lieben Boss« Erwin S. nur darüber nach, was mit dem »elefantösen Gruß« der Damen gemeint sein mag. Aber irgendwie ahnt man es schon.

Unserem lieben Boß

Erwin S

einen letzten elefantösen Gruß
von seinen Damen

Frau Wolfram, Petra, Sigrid, Marion,
Andrea, Heike, Gisela, Kerstin, Doris,
Nicole, Anna, Brigitte, Tanja, Britta

Freya K

Pianistin

* 15. Oktober 1911   † 22. September 1995

Ihr positiv gelebtes Leben ist durch einen sanften Tod in Frieden erfüllt.

In stiller Trauer
Gerda K
Elfriede und Wolfgang S
Renate und Harald H
Anke und Fritz M
und alle Angehörigen

Hamburg-Othmarschen

Beerdigung am Donnerstag, dem 28. September 1995, um 13 Uhr von der Kapelle des Groß Flottbeker Friedhofes, Stiller Weg.

Am 22. September 1995 verstarb unsere Pensionärin Frau

Freya K

im 84. Lebensjahr.

Mehr als 10 Jahre war Frau K   in der Vertriebsabteilung des Hamburger Abendblattes tätig. Während dieser Zeit haben wir sie als eine zuverlässige und pflichtbewußte Mitarbeiterin kennengelernt.

Wir werden Frau K   ein ehrendes Andenken bewahren.

AXEL SPRINGER VERLAG

Die Anzeigen für Freya K. sind für sich betrachtet ganz und gar konventionell. Doch offenbaren sie in der Synopse ein Doppelleben, das gewiss seinen Reiz gehabt haben mag.

Uns hat oft eine Geste, eine Umarmung
mehr gesagt, als tausend Worte.

Wir haben uns fürs erste voneinander verabschiedet von

Rudolf Z

* 10. 5. 1933   † 5. 12. 1995

Edith Z
Fam. Karl-Heinz Z

Die Beerdigung findet am Freitag, dem 8. Dezember 1995, um
8 Uhr auf dem Westfriedhof statt.

Nicht immer sind es die Worte, die uns
Rätsel aufgeben. Manchmal sind es auch
die Gesten, die wir nicht recht entschlüsseln können. Vor allem wenn ihnen zuge-
dacht ist, mehr als tausend Worte auszu-
sagen – wie die geheimnisvollen linken
Hände in der Anzeige von Rudolf Z.

Unsere letzte enigmatische Anzeige fällt wiederum in die Kategorie »kurz, aber verstörend«. Unter einer Evasion versteht man eine Ausweichreaktion. So sprechen die Zoologen von Evasion, wenn eine Population von Tieren ihr angestammtes Gebiet verlässt, weil sie dort keine Nahrung mehr findet. Ebenso erklärungsbedürftig ist die Auskunft, Lothar W. habe »wie« ein Mensch gelebt und sei »wie« ein Mensch gegangen. Denn wenn irgendetwas »wie« etwas anderes ist, dann heißt das: Es ist ähnlich, aber nicht gleich. Wer frisst wie ein Scheunendrescher, ist selbst keiner. Ist Lothar W. also kein Mensch gewesen? Sondern womöglich ein zugewanderter Bewohner des Planeten Marduk, der nur bei uns auf Erden war, weil er auf ergiebigere Weidegründe ausgewichen ist?

E V A S I O N

Lothar W

1937 – 1995

Er hat wie ein Mensch gelebt.
Er ist wie ein Mensch gegangen.

14

»Apollonia Ochs, geb. Stier«

Namen

Wir haben es bereits im Adelskapitel (S. 27) bemerkt: Manche Anzeigen fesseln unsere Aufmerksamkeit allein wegen der Namen, die darin vorkommen. Dabei muss man zugestehen, dass da ein Bürgerlicher gegenüber den erlauchten Fürsten und Prinzessinnen weit weniger glanzvoll abschneidet. Wie unsere erste Anzeige belegt.

Aus einem arbeitsreichen Leben wurde nach schwerer Krankheit unser sehr verehrter Geschäftsführer

Herr
Hermann Schrumpf

am 9. März 1972 im blühenden Alter von 59 Jahren aus unserer Mitte abberufen.

Auch wer sich als Alt-Tapezierermeister einen Namen gemacht hat, löst damit bei der Nachwelt womöglich nur ein breites Grinsen aus. Dabei verrät ein Blick auf die Liste der Trauernden, dass sich der K-Name als Bestandteil eines Doppelnamens großer Beliebtheit erfreut und dass es in Dübendorf bei Zürich noch reizvollere Kombinationen gibt.

8600 Dübendorf, 29. Dezember 1982

Unser Vater ist nicht mehr,
sein Platz in unserem Kreis ist leer.
Er reicht uns nicht mehr seine Hand,
der Tod zerriss das schöne Band.

TODESANZEIGE

Gott, der Herr des Lebens, hat heute abend meinen lieben Gatten, unseren guten Vater, Schwiegervater, Bruder, Schwager und Onkel

Eduard Kotz-Werz

Alt-Tapezierermeister

in seinem 73. Lebensjahr, versehen mit den heiligen Sterbesakramenten, von seiner schweren, mit grosser Geduld ertragenen Krankheit erlöst.

Sein Leben war erfüllt von Liebe und Sorge für seine Familie und treuer Pflichterfüllung. Wir bitten, dem lieben Verstorbenen ein ehrendes Andenken zu bewahren und seiner beim heiligen Opfer und im Gebet zu gedenken.

In christlicher Trauer:
Anna Kotz-Werz, Gattin
Marlis und Leonz Güntert-Kotz, Uster
Regula und Kurt
Rita und Helmut Schilling-Kotz, Aathal
Christian, Roland und Reto
Rolf und Maria Kotz-Schön, Dübendorf
Geschwister und Anverwandte

Beerdigung und Trauergottesdienst: Dienstag, 4. Januar 1983, 14.20 Uhr in der kath. Kirche Dübendorf. Besammlung beim Friedhofgebäude um 13.50 Uhr.
Dreissigster: 30. Januar 1983, 10.00 Uhr.

Hin und wieder stößt man auch auf spre-
chende Namen. Wie Herrn Leberecht
Lange aus Hannover, der immerhin ein
Alter von 82 Jahren erreicht und so seinem Namen alle Ehre gemacht hat.

Hebräer 11,1

Für mich war er alles

Leberecht Lange

* 4. 2. 1916 † 20. 8. 1998

In unendlicher Liebe:
Elli Lange geb. Kunde
Fred und Mimi Kunde
Gisela und Achim Seidel

30171 Hannover, Schlägerstraße 13

Die Beerdigung findet am Dienstag, dem 25. August, um 13.30 Uhr von der
Kapelle des Friedhofes Marienwerder, Garbsener Landstraße, aus statt.
Ausführung: Bestattungsinstitut Adolf Babst, Oesterleystr. 14, 30171 Hannover.

Allerdings kann einem der Nachname bei
den beruflichen Ambitionen auch in die
Quere kommen. Wie das folgende Beispiel zeigt, das wir einer Sammlerin ver-
danken, die leider den Rest der Anzeige
weggeschnitten hat. Womöglich wäre
auch hier ein Blick auf die Liste der Hinterbliebenen ganz reizvoll gewesen. Vielleicht hätte auch hier ein Doppelname
den des Pfarrers noch überboten.

Pfarrer Fridolin Bigott |

Interessante Kombinationen können sich ebenso ergeben, wenn Geburts- und Ehenamen zusammenkommen. So kündet die folgende Anzeige aus dem hessischen Niedernhausen von der einstigen Vermählung von Ochs und Stier.

Am 23. Mai 1972 verstarb im 88. Lebensjahr, nach schwerer Krankheit, meine liebe Mutter, Schwiegermutter, unsere liebe Großmutter und Urgroßmutter

Frau Apollonia Ochs
geb. Stier

Im Namen der Hinterbliebenen:
Georg Ochs

6272 Niedernhausen/Taunus,

Die Beisetzung findet am Freitag, dem 26. Mai 1972, um 14.00 Uhr, ihrem Wunsch entsprechend, auf dem Friedhof in Niedernhausen/Taunus, statt.

Für Josefine Zeh aus Heidelberg hingegen muss die Annahme des Ehenamens einer Amputation gleichgekommen sein.

Beim Heimgang unserer lieben Mutter

Josefine Zeh

geb. Zehe

wurden uns viele Beweise inniger Verbundenheit zuteil. Besonderen Dank den Ärzten und Schwestern des St.-Josefs-Krankenhauses, Frau Dr. L und Herrn Dr. L in Rohrbach für die liebevolle Pflege sowie all denen, die sie zur letzten Ruhe begleitet haben.

Die Kinder

Heidelberg-Rohrbach, im Februar 1977

Wenn der oder die Verstorbene einen ungewöhnlichen Namen trägt, ist bei der Formulierung der Anzeige besondere Vorsicht geboten. Sonst ergibt sich womöglich ein ungewollter »Hintersinn«.

Gott, dem Herrn, hat es gefallen, unsere Mutter

Ilse von Hinten

geb. Moldt

* 7. 11. 1904 † 15. 11. 1999

zu sich zu nehmen.

In Liebe und Dankbarkeit:
Ullrich und Ursula A

sowie Großkinder und Urgroßkinder

Gleiches gilt auch für die Auswahl des Mottos, wobei die Trost spendenden Worte des Propheten bestimmt nicht zufällig gewählt wurden.

Fürchte dich nicht, denn ich habe dich erlöst; ich habe dich bei deinem Namen gerufen: du bist mein.

Jesaja 43/1

Fritz Fleischfresser

Gewiss wäre auch Günter beim Graben ein Kandidat für einen himmlischen Ruf. Zumindest aber kann er darauf vertrauen, dass hier auf Erden, vor allem in den Reihen der Altenbrucher Schützen, sein Name nicht so schnell in Vergessenheit gerät.

Am 13. August 2002 ist unser Schützenbruder

Günter beim Graben

im Alter von 72 Jahren von uns gegangen.

Er war 34 Jahre Mitglied im Schützenverein Altenbruch.

Sein Name wird in den Reihen der Altenbrucher Schützen unvergessen bleiben.

Schützenverein Altenbruch von 1910 e.V.
Der Vorstand

Antreten zur letzten Ehrerweisung am Freitag, dem 16. August 2002, um 13.30 Uhr im Vereinslokal Hotel »Deutsches Haus«.

Vom Schützen- zum Karnevalsverein ist es nur ein kleiner Schritt. Und auch hier finden sich Namen, die nicht nur in den eigenen Reihen noch lange nachklingen dürften. Wie etwa im Fall des Kasseler Vereinspräsidenten Werner Wurst, der sein »närrisches Zepter für immer aus der Hand gelegt« hat, nicht ohne zuvor der tanzenden Vereinsjugend »seine besondere Aufmerksamkeit und Kraft« geschenkt zu haben.

Der Narr ist weise, drum liebt ihn Gott!

Unser Präsident und väterlicher Freund

Werner Wurst

hat sein „närrisches Zepter" für immer aus der Hand gelegt. Er konnte führen, da bei ihm der Frohsinn über allem stand. Er liebte seine Mitmenschen und war glücklich, wenn sie sich vergnügten. Seine besondere Aufmerksamkeit und Kraft schenkte er seiner tanzenden Jugend in der GKK. Wir sagen Danke zum Abschied. Er wird einen Platz in unseren Herzen und somit in der „Narrhalla" haben.

Gemeinschaft
Kasseler Karnevalgesellschaften

Manchmal sind es aber auch die Spitznamen, die aus dem Rahmen fallen. So löst es eher ungläubiges Staunen als tiefe Betroffenheit aus, wenn der Verstorbene mit einem Namen aufwarten kann, der einem Horrorfilm zu entstammen scheint.

Tief betroffen nehmen wir Abschied von

Butcher

Deine „Südkurve"
Cordula, Jan und Andreas

Tief erschüttert und unsagbar betroffen geben wir bekannt, daß unser Freund und Schulkamerad (Abiturjahrgang 1962)

Alexander D

* 27. 1. 1942   † 8. 7. 2004

uns nach langer Krankheit für immer verlassen hat.

Wir haben gemeinsam die Schulbank gedrückt und überaus glückliche Jugendjahre erlebt. Dank unserer Lehrer, u. a. Herrn Dr. M   und Herrn Dr. N alias „die Ente", wurden wir gut auf das Leben vorbereitet. Nach dem Abitur ließ sich Alexander von der Deutschen Bank zum Bankkaufmann ausbilden und arbeitete zielstrebig an seiner Banklaufbahn, die er mit der Geschäftsführung der Barclays Bank Deutschland beendete.

Mit Alexander verlieren wir einen guten Freund, einen Mann mit Ecken und Kanten, der es niemals allen recht machen wollte, mit einem analytischen und brillanten Geist, dem wir großen Respekt zollen. Wir waren Weggefährten über Jahrzehnte in einer unruhigen Zeit.

Unser herzliches Mitgefühl gilt seiner lieben Frau Elke, die ihm aufopferungsvoll bis zu seiner letzten Stunde zur Seite stand.

Dr. Joachim A. B
Frau Rosemarie und Bette
B
Frankfurt am Main

Dr. Hans-Günter H
Frau Susanna und Laura
H
Egg, Schweiz

Doch nicht immer muss es der Verstorbene sein, der mit einem ungewöhnlichen Spitznamen bedacht wird. So stoßen wir in der Anzeige für den Bankkaufmann Alexander D. auf einen seiner Lehrer, einen gewissen Dr. N. Diesem erfahrenen Pädagogen verdankten seine Schüler eine gründliche Vorbereitung auf den Ernst des Lebens, was sie ihm offenbar mit einem passenden Beinamen vergalten.

Im Sinne generationenübergreifender Kontinuität ist es in manchen Familien üblich, dem ältesten Sohn als dem Stammhalter den gleichen Namen zu geben wie dem Vater. So war es beispielsweise bei Altbundeskanzler Konrad Adenauer. Doch zeigt sein Beispiel auch, dass dieser Brauch gelegentlich für Verwirrung sorgen kann.

In memoriam

Konrad Adenauer
(Urgroßvater)
† 10. März 1906 in Köln

Konrad Adenauer
(Großvater)
* 5. Januar 1876 in Köln

Konrad Adenauer
(Vater)
* 21. September 1906 in Köln

Köln, den 21. September 2006

Konrad Adenauer

Unsere letzte Anzeige führt uns zu der trostreichen Einsicht, dass Namen kein Schicksal sind. Wie sonst wäre es zu erklären, dass jemand mit dem Namen Zweifel »ohne Furcht« ging?

Gott dem Herrn hat es gefallen.

Herrn Hans-Heini Zweifel

in seinem 65. Lebensjahr heimzuholen in die Ewigkeit.

Er ging ohne Furcht.

15

»He Uli, es war schön mit Dir«

Freunde

»Für einen Freund isst man auch ein rohes Hühnchen«, sagt ein türkisches Sprichwort. Nicht überraschend also, dass man immer wieder auf Anzeigen stößt, in denen sich die Freunde vom Verstorbenen verabschieden und in denen häufig ein etwas lockerer Ton angeschlagen wird. Ein fast schon klassisches Beispiel gilt einem Kumpel mit dem Kampfnamen Büffel. Das eingängige Motto ist uns bereits in mehreren anderen Anzeigen wieder begegnet.

> Er kam oft zu spät,
> aber ging viel zu früh.
>
> ## Tschüss Büffel
>
> **Alle Deine Freunde**

Durchaus entspannt und ohne einen Anflug von Sentimentalität verabschieden sich die Freunde von Ulrich K.

> ## Ulrich K
>
> He Uli, es war schön mit Dir.
> Deine Freunde

Hein Stephie Junker Annette Uwe Margret Fred Birgit

Heiko Evelyn Franco Juppes Fitschi Freddy Elke Feile

Karin Klaus Anne Tom Katrin Harry Petra Rolli

Hanne Ludger Birga Günther Waltraud Günther Helga

Sieghardt Eva **Micha** Annelore Quax

Dali Ulrike *bleibt in unserer Mitte* Roland Christiane

Beate Wolfgang Ralph Ralf Mänes Conny Winand

Susi Karl Brigitte Enno Heinzi Trudi Aquille

Jupp Ilona Lupita Rita Bobby Peter Moni

Rainer Wilhelm Cristiane Martin Andrea

Köln, im November 2005

Die Verbundenheit mit dem verstorbenen Freund lässt sich womöglich besser mit grafischen Mitteln zum Ausdruck bringen. Ein besonders gelungenes Beispiel ist die Anzeige für Micha aus Köln.

Wohl nur vom Verstorbenen selbst richtig zu deuten ist die Anzeige von Freund Armin. Dabei handelt es sich um eines der raren Exemplare, in denen der Verstorbene namentlich nicht genannt wird. So ist zu hoffen, dass sich auch der richtige Arminfreund angesprochen fühlt, um den Logensitz im Himmel schon mal vorzuwärmen.

Mein Lieber, halte mir – wie immer –
den besten Platz frei.

Armin

Kommunikationsprobleme gibt es selbst unter guten Freundinnen. Doch besteht Aussicht, dass die sich eines Tages in einer klärenden Aussprache bereinigen lassen.

Sabine

Wir haben oft aneinander vorbeigeredet, aber ich glaube, daß wir uns irgendwann trotzdem viel zu sagen haben. Ich habe eine meiner besten Freundinnen verloren.

Meike

In vielen Anzeigen versuchen die Freunde die besonderen Qualitäten des Verstorbenen einzufangen. Von geradezu enzyklopädischem Eifer getrieben sind die Freunde von Ralph T., die ihn von A bis Z mit den unterschiedlichsten Benennungen bedenken: Vom Advokaten über den Porschologen bis zum Zähneblecker kommt da allerhand zusammen.

How deep is the ocean / how high is the sky

Ralph T

* 13. Juni 1948 † 17. März 2004

Wir trauern um Dich. Du warst unser

Advokat, Altachtundsechziger, Angstnehmer, Berater, Besserwisser, Biker, Clubmitglied, Dillinger, Driver, Feinschmecker, Förderer, Frauenfreund, Freundlicher Kinderschreck, Furchtloser Trotzkopf, Gambler, Genießer, Grenzgänger, Herr über Wind und Meer, Hobbyist, Jäger, Jeepler, Jetsetter, Käpt'n, Kellermeister, Korrigierer, Kritischer Konstruktivist, Küchenfreund, Kunstfreund, Lacher, Lebensberater, Lebensfreude-Purist, Liebhaber, Literat, Maître, Männerfreund, Mitspieler, Mitspinner, Moaner, Molinarist, Motorsportsfreund, Musikfreund, Mutmacher, Never-Loser, Nonkonformist, Polyglotter Weltbürger, Porschologe, Radler, Rechtsbeistand, Regattafan, Reiseleiter und -begleiter, Retter, Sammler, Saufkumpan, Segelfan, Skatbruder, Skihas', Skipper, Skurrilologe, Streithahn, Tee-o-phil, Träumer, Überholer, Väterlicher Freund, Vereinsmeier, Verschwender-in-Maßen, Wächter, Wahl-Pariser, Weinkenner, Weltumsegler, Wissensdurstiger, Yachter, Zähneblecker

und das alles von A–Z und ohne Wenn und Aber.

Und Du sollst uns jetzt nicht fehlen? Fare Thee Well!

Deine Freunde

Wir haben einen bedeutenden Freund verloren.

Dr. Irmfried H
„Immi"

* 13. 5. 1915   † 20. 10. 2004

Wir verabschieden einen großen Gentleman, der uns immer mit Charme, Schirm und Monokel gesellschaftlich und sportlich ein großes Vorbild war.

Auf seinem letzten Weg ehren wir Irmfried H   mit einem kräftigen Bumalaga.

Rugby-Abteilung

Sport-Club „Frankfurt 1880" e.V.

Auf wenige charakteristische Attribute konzentriert sich hingegen die Rugby-Abteilung des Sport-Clubs Frankfurt von 1880. Auf diese Weise gelingt ihr ein meisterhaftes Porträt ihres Freundes und Förderers Dr. Irmfried H., der mit Charme, Schirm und Monokel in einem reizvollen Kontrast zum Rugbysport steht, bei dem ja auch andere Qualitäten als die eines Gentlemans gefragt sind.

Anrührend, doch nicht weniger gelungen ist die Anzeige für den obdachlosen »Tüten Alfred« von der Bahnhofsbank.

Die Bahnhofsbank ist leer, Du fehlst uns sehr.

Warst immer da, bei jedem Wetter

„Tüten Alfred"

Du warst ein Netter.

Nun hast Du Deinen Frieden, mögest Du im Himmel auch Dein Körnchen kriegen.

Mach's gut!

In ein ähnliches Umfeld gehört die warmherzige Annonce für den verbummelten Heinz-Willy Z., der gewiss nicht bei jedem so viel Sympathie geerntet hat wie bei Felicitas und Christa.

„Weltenbummler"

Heinz-Willy Z

lautstarkes Original mit goldenem Herzen vom Kasseler Königsplatz, hat seine letzte große Wanderung angetreten. Gute Reise und Gott befohlen, lieber Willy!

Felicitas + Christa
für alle, die dich so akzeptierten und schätzten, wie du warst

Mit der Anzeige für »Fitti« stoßen wir hingegen von der Straße in geschlossene Räumlichkeiten vor, was sich schon darin zeigt, dass hier die Freunde aus einem Lokal mit dem appetitlichen Namen »mampf« inserieren. Wenn man sich anschaut, was ihnen für ein schönes Porträt gelungen ist, könnte man auf die Idee kommen, sich öfter in der Gastwirtschaft blicken zu lassen.

Fitti

Friedrich Wilhelm O
† 06.11.2001

Das schallende Gelächter auf Deine haltlos
derben, irrwitzigen Späße hat uns ergötzt
und wird uns fehlen.
Deine Liebe zu Jazz bei Alkohol mit Texten
war hell und klar, wie ein Herrengedeck.
Möge der Herr Dir ein guter Wirt sein.

Die Freunde aus dem mampf

Doch nicht alle Anzeigen singen das Hohelied auf Alkohol und Zigaretten, zumal damit zwei Faktoren genannt sind, die das Leben stark verkürzen können – was dann unter Freunden auch wieder nicht recht ist. Eine kleine, aber energiegeladene Anzeige führt vor, wie Wut auf die Zigaretten aus der Zuneigung für den Raucher erwachsen kann.

Willi S
* 3.10.1950   † 2.6.2007

Ich bin fassungslos, wütend und sehr traurig. Jahrelang muste ich zusehen,
wie der sogenannte Genuß der Zigaretten seinen Körper grausam zerstörte.
Nun hat ein lieber, stets hilfsbereiter Freund, mit einem sonnigen Gemüt,
nach qualvollem Leiden, endlich seinen Frieden gefunden.

90491 Nürnberg.   Irmgard S

Als Abenteurer und veritabler »Hans-dampf« bleibt Peter T. in Erinnerung, dessen Beiname »King of the road« auf einen unsteten Lebenswandel hindeutet. Allerdings hatte er offenbar auch seine häuslichen Qualitäten, wie die Würdigung seiner Ochsenschwanzsuppe vermuten lässt.

„Ich habe gekämpft, jetzt will ich nicht mehr.
Vom Strecken der Waffen geht eine Beruhigung
und ein Seelenfrieden aus.“
P. T.

Peter T

3. 3. 1942   –   19. 1. 2003

KING OF THE ROAD

Wir werden dich vermissen: deine Klugheit, dein Wissen, deine Power, deinen Drive, deinen Mut und deine Aufrichtigkeit.
Wir liebten deine spannenden Geschichten und du kochtest die beste Ochsenschwanzsuppe.
Kein Berg war dir zu hoch, ihn zu erklimmen, kein Wasserloch zu tief, hineinzuspringen.
Du bist bei uns for ever and ever and ever.

Von Grillfesten mit wohlschmeckenden Lammkeulen kündet hingegen die folgende Traueranzeige, die offenbar von der feierfreudigen Nachbarschaft aufgegeben wurde. Dass darin gleich dreier Damen vom Grill gedacht wird, macht ein wenig stutzig. Sollten sie zu dritt einem tragischen Unglück zum Opfer gefallen sein? Oder sind die drei womöglich noch am Leben, haben sich von den lautstarken Festen zurückgezogen und sollen auf diese drastische Weise zur Rückkehr bewegt werden?

Wir vermissen euch in unserer Runde
Helga · Tily · Alina
– Feiern, Garten und Lammkeulen waren immer schön –
Ihr seid noch viel mehr für uns!

In der folgenden Anzeige haben wir es in jedem Fall mit einem tragischen Unglück zu tun. Die Geschichte vom liebenswürdigen Nachbarn Dieter S. nimmt ein so fatales Ende, dass es einem das Herz zerreißt. Dabei muss man nicht nur den verunglückten Mann aus dem hessischen Bürgeln bedauern, sondern ebenso seine amerikanischen Freunde.

Wir Ausländer werden oft gefragt, wie wir die Deutschen finden. Wir antworten seit Jahren: „Wenn Sie einen mit Gemütlichkeit und menschlicher Wärme gefunden haben, haben Sie auch einen Freund für das Leben gefunden, denn er ist auch treu und zuverlässig". Das wissen wir, weil wir selbst so einen gefunden hatte. Er hieß

Dieter S

Unsere Erfahrungen über das Leben in Deutschland waren tiefgehend geprägt von unserem Nachbarn Dieter. Dieter war die Stütze der Nachbarschaft in unserer Ecke Bürgelns. Sein Charme, seine Liebenswürdigkeit und seine absolute Zuverlässigkeit waren jedem bekannt. Wir waren von unseren eigenen Verwandten getrennt, aber durch die benachbarten S   wieder ergänzt.

Mit dem Dieter gab es nur ein Problem. Nie war er in einem Flugzeug, noch wollte er je fliegen. Wir hofften trotzdem auf einen Besuch in den USA nach unserer Rückkehr aus Deutschland.

Am 22. Dezember ist Dieter geflogen. Nach dem Absturz des Oldtimer-Flugzeugs DC 3 waren Dieter und sein Bruder Georg unter den 28 Opfern. Dieter S   wird uns nie besuchen und wir nicht mehr ihn, nicht mehr in dieser Welt. Das Leid und die Trauer an diesem Verlust teilen

Jerry, Robin und Lorrin N

Eine gute Seele war offenbar auch der Peter, dem die folgende Anzeige gewidmet ist. Und auch bei Peter hat sich die Sache eher nicht gelohnt, wie sein vertrauter Freund Gerardus de G. in drastischen Worten durchblicken lässt.

MEIN LIEBER PETER

DU WARST MEIN EINZIGER UND BESTER FREUND, DU HAST UNS SO PLÖTZLICH VERLASSEN. DU HAST FÜR VIELE DIR GROSSE MÜHE GEMACHT UND SEHR OFT EINE KARRE MIST BEKOMMEN. WENN ES EIN SPÄTERES LEBEN GIBT, WÜNSCHE ICH DIR DAS SCHÖNSTE.

Das nordhessische Kaufungen, Heimat des verwegenen Ritters Kunz von Kaufungen, ist gewissermaßen die Kulisse der Anzeige für Karel V., der aus Belgien stammte und durch Bescheidenheit, Tapferkeit und Hilfsbereitschaft »so manchem Eindruck gemacht« hat. Dass der Freundeskreis »die Spuren dieses Belgiers« so liebevoll nachzeichnet, ist gewiss nicht die schlechteste Empfehlung für Kaufungen.

Kaufungen ist ein wenig ärmer geworden.

Herr

Karel V

wurde nach Vollendung seines 69. Lebensjahres aus dieser Welt abberufen. Sein Name war nicht vielen bekannt, wohl aber die hohe hagere, weißhaarige Gestalt; im Straßenbild, in Stiftskirche und St.-Heinrichs-Kirche, bei Veranstaltungen des Wander- und Gebirgsvereins.
„Was ist der Mensch, daß du seiner gedenkest?"
Sollten die Spuren dieses Belgiers getilgt werden?
Seine Bescheidenheit, Tapferkeit und Hilfsbereitschaft haben hier so manchem Eindruck gemacht.

Der Freundeskreis

Albert H

Dein Leben erlosch vor drei Jahren; nach Deinem Tod habe ich erfahren, wie wertvoll es ist, eine Familie, Schulfreunde und gute Freunde in der SPD zu haben.

Danke

Elisabeth H

Das Thema Freunde erschöpft sich keineswegs in Anzeigen, die von Freunden aufgegeben wurden. Vielmehr können auch die trauernden Angehörigen den Wert der Freundschaft neu entdecken und gute Freunde gerade dort aufspüren, wo man sie am allerwenigsten vermutet.

Unsere letzte Anzeige in diesem Kapitel
gibt hingegen der Unsicherheit und dem
Schmerz viel Raum.

DR. GERNOT N

1943 - 1997

Erwart' ich den Tag,
erwart' ich die Nacht?
Was weiß ich schon.

Oh, tut das weh!
........! ....! .. ....!

Ja, mein Freund.
Ade!

Jürgen P

16

»Ronka ist ihrem Herrchen gefolgt«

Ungewöhnliche Verstorbene

Manchmal überrascht uns eine Todesanzeige nicht so sehr durch textliche oder gestalterische Kühnheiten, sondern einfach durch die Person, um die da getrauert wird. So trifft man zuweilen auf alte Bekannte, von denen man annahm, dass sich ihr Ableben bereits herumgesprochen habe.

Divae memoriae

FELIX
MENDELSSOHN-BARTHOLDY

* 3. 2. 1809   † 4. 11. 1847

Werden Politiker betrauert, so kann seit der Zeit ihres aktiven Wirkens schon eine Weile vergangen sein.

In memoriam

Kaiser Heinrich VI.

† 28. 9. 1197

Pro gloria imperii regnavit

Dr. Hartmut J   , Stuttgart

CONNY

† 5.2.1996

In unseren Herzen wirst Du weiterleben.
Du wirst uns sehr fehlen.
Jörg, Julia u. Manuela
In tiefer Trauer und ewiger Liebe
Vati und Mutti

Doch sind es keineswegs nur die großen Namen, die uns stocken lassen. Hin und wieder werden auch ungewöhnliche Familienangehörige betrauert.

Textlich lassen sich Anzeigen für Vierbeiner kaum von denen unterscheiden, die einem unserer Artgenossen gewidmet sind. Dies gilt vor allem, wenn ein so folgsames Geschöpf gegangen ist wie die Hündin Ronka.

Mein kleines Mädchen, meine beste und treueste Freundin, mein Trost und Sonnenschein, meine über alles geliebte

Ronka

✝ 20. Januar 2003

ist ihrem Herrchen nach nur 15 Monaten in die Ewigkeit gefolgt.

Du fehlst mir unendlich.

Dein trauriges Frauchen

Aber auch kleine Tiere können bei ihren Besitzern große Zuneigung auslösen. Umso schwerer fällt dann das Loslassen wie bei Hoppel, der ebenso tapfer wie vergeblich gegen eine schwere Krankheit ankämpfte.

Dich loslassen zu müssen tut so weh,

Hoppel

geb. im Sommer 1996   gest. am 25. Oktober 2003

Eine schwere Krankheit quälte Dich sehr. Du hast bis zuletzt ganz tapfer gekämpft, doch trotzdem wurde Dein kleiner Körper besiegt.

In der Welt der Menschen, die oft erfüllt ist von Heuchelei, Kälte, Egoismus und grotesker Hektik warst Du für uns stets ein Ruhepol. Während unserer leider viel zu kurzen gemeinsamen Zeit haben wir aufrichtige Freude, Unschuld, Dankbarkeit, Für-Sorge, Mit-Leid, Geduld und vor allem aber bedingungslose Liebe erleben dürfen. Darum wirst Du in unseren Erinnerungen und unseren Herzen für immer Deinen festen Platz behalten.

An dieser Stelle möchten wir den Mitarbeiterinnen der Praxis Brockmann, die jederzeit liebevoll, einfühlsam und mit viel Fachkenntnis versucht haben, Dein Leben zu retten, herzlich danken.

Schon bei der Anzeige für Hoppel kommt einem das Aperçu in den Sinn: »Seit ich die Menschen kenne, liebe ich die Tiere.« Und auch der treue Tiggi zeigt sich charakterlich gefestigter als so mancher unstete Mitmensch.

Daß mir ein Tier viel bedeutet und auch ist
oft sagt man, das sei Sünde,
das Tier die Treue nie vergißt,
viele Menschen dreh'n sich mit dem Winde.

Mein kleiner Freund und guter Kamerad

Tiggi
1981 — 1994

hat seinen Weg beendet. Er konnte mich nicht länger begleiten.

Ich bin traurig, und mit mir sind die Menschen traurig, die ihn bis zum Schluß ohne Einschränkungen und Vorbehalte ohne „Wenn und Aber" gerne hatten.

Er bleibt in unserer Erinnerung.

Manche Anzeigen gehen von der Klage um den Verlust des innig geliebten Haustiers direkt in die Anklage über. Dies ist umso verständlicher, wenn Vorsatz unterstellt werden kann wie bei der Tötung des armen Katers Rübchen.

Wir trauern um unseren

Kater „Rübchen"
Er wurde am Freitagabend im Wohngebiet Teichberg auf grausame Weise von einem Schäferhund umgebracht, der von seinem Besitzer auf den Kater losgelassen worden war.

Familie W
Wolfhagen,

Doch wird nicht nur der Verlust von zahmen Haustieren betrauert. Auch die großen Freunde bekommen ihre Anzeige – und noch eine politische Botschaft mit auf den Weg, die man im Elefantenhimmel gewiss gerne vernehmen wird.

Rani

+ 13. Januar 2003

Dein Leidensweg soll nicht umsonst gewesen sein
Wir werden für die Rechte Deiner Artgenossen eintreten

Deine Freunde

Tiefe Gefühle sind nicht nur im Spiel, wenn sich geliebte oder verehrte Tiere davonmachen. Auch der Verlust eines Automobils kann schmerzen und mitfühlende Freunde auf den Plan rufen, die es an Trost und Zuspruch nicht mangeln lassen, wie uns Uwe A. aus Kassel wissen lässt. Dabei wirft der Nachsatz den Verdacht auf, dass der trauernde Halter gedanklich bereits auf ähnlichen Pfaden wandelt wie Thomas D. (S. 160) aus dem Ehekapitel.

Danksagung
Für die vielen tröstenden Briefe und Beileidsbekundungen zum Weggang meines lieben Audi Quattro

KS – KU 86

möchte ich auf diesem Wege herzlich danken, besonderen Dank Herrn Michael Otto für seine trostreichen Worte sowie allen der Trauerfeier beiwohnenden Freunde.

Der Halter Uwe A

KS – SH ... bitte melden!

Dem Herrn über Führerschein und Fahrerlaubnis, Richter Jessen, hat es gefallen, unseren über alles geliebten und benötigten Führerschein nach langer siebenmonatiger Einbehaltung, danach vierwöchiger Freigabe, für weitere vier Monate zu entziehen.

Ein Plattfuß ließ den Wagen im Graben und den Führerschein in Flensburg landen.

In tiefer Trauer

Ernst P
Viehhändler

Des Herrn Wege sind wunderbar, o' lasse er die meinen in der Wüste Sinai enden, aber nicht durch den Landkreis Flensburg führen.

Auch die letzte Anzeige in diesem Kapitel dreht sich um das Automobil: Auf den Entzug seiner dringend benötigten Fahrerlaubnis reagiert Viehhändler Ernst P. mit einer Anzeige – und engagierter Trauerarbeit.

17

»Eine Persönlichkeit von ungeschmälerter Gültigkeit«

La Grande Finale

Zeit für das Finale, Schluss mit den leisen Tönen. Jetzt wird noch einmal auf die Pauke gehauen! Getreu dem Grundsatz des legendären Filmproduzenten Samuel Goldwyn: »Man soll mit einem Erdbeben beginnen – und dann ganz langsam steigern ... « präsentieren wir eine Anzeige, die uns einfach den Atem verschlagen hat. Es handelt sich ohne Zweifel um eine »grandiose Inszenierung«, die »alle Dimensionen sprengt«.

Du bist der großartigste und würdigste Mensch, den wir kennen
Du hast kompromißlos geliebt
Deine grandiose Inszenierung war eine Ode ans Leben
Ungestüm unrastig, detailversessen, menschlich, perfekt
Gott hat eifersüchtig den letzten Vorhang abgewartet
Ungeduldig Dein Wunderwerk verfolgt
Der Himmel wird sich zu den Zugaben erheben
Die Erde ahnt nicht den Verlust
Dein Lebenstank reicht uns für tausend Jahre
Deine Wahrheit noch für Stunden danach
Wir drei werden Dich in uns vertreten
Bist in jedem Lachen, jeder Faser, jedem Licht
Gott wird Dir seine Loge anbieten
Dirigier zurückgelehnt, wohlwollend unsere Wacht
Du bist das größte Glück auf Erden
In der neuen Welt sicher das Quentchen Königin mehr
Erzähl uns ab und zu von Deiner Reise
Wie man so fühlt, was man so tanzt, was man so trägt

Anna H   -G

geboren in Hamburg   * 5. November 1998

Liebe Anna, liebes Mamle
Dein Verlust sprengt alle Dimensionen, Werte, Phantasien
Der Schmerz ist Wüste voll brutalster Wucht
Leb uns mit unbändigem Vertrauen
Bis zum Wiedersehen
Wir lieben Dich!

Gegen solche Wortgewalten ist schwer anzukommen, zumal wenn sie einer Mutter (»Die Mutter war's«, S. 119) gelten. Und doch können wir ein ebenbürtiges Exemplar aufbieten, das einem Manne gewidmet ist. Das Inserat stammt zwar aus einer Zeit, in der wir noch nicht auf der Welt waren, gleichwohl ist es auch heute noch »von ungeschmälerter Gültigkeit«.

In memoriam Kurt L

Der 21. November 1961 war für den Männerchor des TSV Handschuhsheim ein schwarzer Tag.

Seinem lieben und vorbildlichen Sängerkameraden Kurt L   gab er in seltener Geschlossenheit das Geleit zur letzten irdischen Ruhestätte.

Die unabdingbare Forderung des Todes — beginnend mit einem heimtückischen und schweren Leiden — machte dem verhältnismäßig jungen Leben von 41 Jahren ein allzufrühes Ende.

Nach seinem eigenen persönlichen Golgatha wurde ihm die verheißungsvolle Erlösung in der Frucht des Todes zu teil. Dies ist letztlich der tiefere Sinn vom zeitlichen Wechsel in ein ewiges Leben als geheimnisvolle Konsequenz für Jedermann.

Kurt L   war von unverkennbarer menschlicher Qualität höchster Ebene.

Seine familiäre und berufliche Mission, wie auch seine gesellschaftliche Führung waren stilvoll und von feiner Art getragen. Gerechtigkeitssinn, Treue und echter Kameradschaftsgeist waren sein Primat.

Eine Persönlichkeit von ungeschmälerter Gültigkeit.

Voll tiefer Ehrfurcht und Ergriffenheit nahm der Männerchor von seinem pflichtbewußten und hochgeschätzten — allseits beliebten Sängerkameraden Kurt Abschied.

In wahrer Verbundenheit und in einer, voll ehrlichem Mitgefühl aufgewühlten Stimmung, bekundete der Männerchor in zwei mit Andacht und Liebe gesungenen Chören:

Heilig ist der Herr!   und   Stumm schläft der Sänger!

seine Hochachtung für den Verblichenen.

Möge man angesichts dieser harten Wirklichkeit Kapital für sein eigenes Leben schlagen und dem braven, unvergeßlichen Kurt L. ein ehrendes Andenken bewahren.

Das Ganze kann man natürlich auch kürzer und weltverneinender in einem Satz zusammenfassen.

Hans M

ist für immer von uns gegangen.

† 1. Februar 1985

Die Welt hat ihn nicht verdient.

Knapp und dennoch mit einem Anflug von mitfühlendem Größenwahn nimmt Margarethe S. Abschied von ihrem Gatten Arthur Martin.

Ein Genie hat die Welt verlassen

Arthur Martin S

Träger des Bundesverdienstkreuzes
Ehrenvorsitzender der Leipziger Landsmannschaft in der Bundesrepublik e. V.
* 2. Nov. 1896 in Leipzig   † 13. Aug. 1980 in Bad Wildungen

Ich habe mich in aller Stille von ihm verabschiedet.
Er war seit 54 Jahren der ganze Inhalt meines Lebens.

Margarethe S

In dieses Umfeld der Ausnahmemen-
schen gehört zweifellos auch Johann R.,
für den »trotz der kaufmännischen Interessen im Beruf der Mensch stets das
Wichtigste war«. Besonders sei auf seine
ebenso einzigartige wie eigenartige Gabe
hingewiesen, Vertrauen zu vergeben und
zu verkörpern.

Johann R

Der 3. Dezember 1992 war ein Tag, der bei vielen tiefste Betroffenheit auslöste. Eine
Persönlichkeit, wie sie heute sehr selten geworden ist, hat uns verlassen.

Johann R   hatte eine einzigartige Gabe, Menschen zu erkennen, Vertrauen zu vergeben und zu verkörpern.

Er hat vielen – ohne daß er besonderen Dank dafür erwartet hat – in einer unvergeßlichen
Art in vielen Situationen geholfen.

Viele sind ihm dafür zutiefst dankbar – einige werden erst zukünftig bemerken, wie groß
der Verlust ist.

Der Verstorbene war nicht nur für seine Familie, sondern auch für viele Freunde und
Partner ein Vorbild, ein Fels in der Brandung, ein Mensch, der stets für das Gerechte hart
und fair gekämpft hat – für den trotz der kaufmännischen Interessen in seinem Beruf der
Mensch stets das Wichtigste war.

Johann R   – ein Mann, der eine Herzlichkeit ausstrahlte, die ihresgleichen sucht.

Seinen so sehr verdienten Ruhestand im Kreise seiner Familie und guten Freunden hat er
nur kurz erleben können – viel zu kurz.

Er wird in uns allen weiterleben.

Ein Freund, der ihn nie vergessen wird.

Eine Anzeige der Superlative, die vom
oberfränkischen Poppendorf bis in die
USA reicht, erwartet uns in der Anzeige
für Hildegard S., Chefin einer Firma für
Qualitätskloßteig. Leider können wir diese Anzeige nicht in Originalgröße abdrucken. Wer daher mit dem Gedanken
spielt, sich eine Lupe anzuschaffen, kann
in diesem Vorhaben nur bestärkt werden.
Ansonsten entgeht ihm eines der schönsten Stücke der Sammlung.

Danksagung

Herzlichen und besonderen Dank an alle, die ihre Lebenserhaltungsmaßnahmen, aber auch uns mit Trost und Zuversicht erfüllten.

Frau Hildegard S

Geb. 6. 11. 1931   Gest. 9. 6. 2007

Ihre Trauerfeier löste in unserer Familie eine Woge von Betroffenheit der Wertschätzung und Anteilnahme aus.
Aber wir dürfen und können mit ihr verbunden bleiben, durch die Feier der heiligen Eucharistie und durch das übernaus große Ausmaß der Menschen bei der Mittrauer.

Wir danken allen, die in Ihren Leben und Werken nahestanden und als Unterpfand des geistigen und irdischen Trostes ihr die letzte Ehre erwiesen.
Sie wird weiterleben in unseren dankbaren Erinnerungen.

Die ausgewählten Beispiele stehen stellvertretend für dieses traurige Ereignis.
Allen Verwandten, Freunden, Bekannten, Nachbarn und Scheffreunde, die bis in die U.S.A.-Michigan reichen,
haben Ihre außergewöhnlich menschliche und allgemein bekannte Dimension schätzen gelernt.

Herrn Pater Dietrich von Stockhausen; er hat den Anspruch des hohen Wortes "christlich" in seiner Predigt bewusst und deutlich ausgesprochen.
Dem Klinikum Forchheim, Chefarzt Dr. Gerd Greiner, allen Mitarbeitern der Station und dem Ärztehaus in Heroldsbach, Chefarzt Dr. Hans-Dieter Neuhauer mit seinem gesamten Praxisteam für ihre vorzügliche medizinische Betreuung.

Der Reliquenschaft unserer Firma Schmitt's Industrieklebtteggik unsere große Aufmerksamkeit, war sie doch eine Stefa mit Wertformat einer guten Zusammenarbeit aber auch mit einer analytischen Brillanz, welche unvergesslich bleibt.

Allen Geschäfts- und Vorbraucherkunden, denen sie ein großer persönlicher Verlust ist.

Den Vereinen Katholischer Frauenbund Heroldsbach, FFW Poppendorf, Musikverein Heroldsbach, Heimat- und Trachtenverein Heroldsbach, Schützenverein Tell Heroldsbach, Gesangsverein Liederkranz Poppendorf und den Kaninchenzuchtverein Heroldsbach.

In ihren Trauerreden spielte sie eine tiefsterst bemerkenswerte Rolle.
Viele Briefe und Karten gingen bei unserer Familie ein, u.a. Landkreis Forchheim, Landrat Reinhard Glauber, Gemeinde Heroldsbach,
1. Bürgermeister Richard Gügel, Landtagsabgeordneter Eduard Nöth, Bürgermeister aus den Landkreisen Forchheim, Erlangen-Höchstadt,
Bamberg, Neustadt-Aisch, Lichtenfels und Bayreuth, welche uns mit Anerkennung und Zuversicht erfüllten.

Die eingegangenen Geldspenden werden auf die Konten der Deutschen Krebshilfe - Kinderkrebshilfe sowie Menschen für Menschen, Karl-Heinz Böhm überwiesen.

Beschließen möchten wir dieses Finale mit einer schlichten Anzeige aus Köln-Kalk. In ihr verbindet sich die Individualität eines Fingerabdrucks mit einem Motto, das an Universalität schlechterdings nicht zu übertreffen ist. Da bleibt nur noch hinzuzufügen, dass dem nichts mehr hinzuzufügen ist.

Peter R

* 13.10.1945   ☫ 26.07.2004

Alles ist immer

in Dankbarkeit:

die Eltern Frieda und Walter R
Christa und Manfred A
Stefanie R
und Verwandte

51103 Köln-Kalk

Die Trauerfeier wird gehalten am Mittwoch, dem 4. August 2004, um 11.00 Uhr im "Haus der menschlichen Begleitung" Pütz ∞ Roth in Bergisch Gladbach, Kürtener Straße 10. Die Urnenbeisetzung findet zu einem späteren Zeitpunkt im engsten Familienkreis statt.

Anhang

Der Sammler dankt den Findern

Ganz herzlich danke ich allen Freunden, Bekannten und Besuchern meiner Website für die fortwährende Belieferung mit neuen Fundstücken. Die Todesanzeigen in diesem Buch wurden zu meiner Sammlung unter anderem beigesteuert von:

Barbara Altenburg; Dieter Banzhaf; Stephan Bartke; Petra Baumann; Markus Beer; Angelika Beierl; Elfriede Bek; Christa Bentlage; Detlev Bluhm; Frank Deppe; Sabine Di Geronimo; Joachim Eichelsdörfer; Stefan Erdmann; Philipp Frankenfeld; Ulrich Faure; Ronald Gangol; Christel Gewers; Rolf Gross; Stefan Groß; Peter Güntsche; Christoph Heidemann; Gundel Huschka; Rainer Just; Barbara Kagerer; Thomas Kahrer; Dagmar Kaiser; Annett Kittner; Ina Koetter; Matthias Kunz; Thorsten Lau; Regine Lemke; Peter Limmer; Waltraud Maisch; Patrick Michaelis; Kristian Müller von der Heide; Ulf-Peter Radow; Iris Reichert; Nick Rudnick; Markus Schaad; Gaby Schacht; Joe Schindler; Irène Schmet; Lutwin Schulligen; Stefan Seyboth; Irmgard Sprang; Wilhelm Sprang; Ralph Stenzel; Carola Stoevesandt; Georgia Stoinski; Peter Stollenwerk; Klaus Suetterlin; Susanne Thürauf; Manfred von der Lohe; Petra Warnecke; Andreas Wiederanders; Jost Henrich Winter; Simone Wösting; Walter Wüst; Christian von Zittwitz.

Außergewöhnliche Todesanzeigen gesucht

Sammeln Sie ebenfalls ungewöhnliche Todesanzeigen? Oder haben Sie zufällig gerade in Ihrer Zeitung ein Stück gesehen, dass unbedingt noch in meine Sammlung, auf meine Website www.todes-anzeigensammlung.de oder vielleicht in die Fortsetzung dieses Buches gehört? Dann senden Sie mir Ihr Fundstück doch per Mail an todesanzeigen@gmx.de oder auch per Post an den Verlag Kiepenheuer & Witsch GmbH & Co. KG, kiwi Paperbacks, Stichwort Todesanzeigen, Bahnhofsvorplatz 1, 50667 Köln. Vielen Dank!

Bücher anderer Todesanzeigensammler

Baum, Stella: Plötzlich und unerwartet. Todesanzeigen. Düsseldorf, Erb 1980

Bruggenwirth, Ingrid: Vom Sensenmann und Druckerschwärze. Eine Auswahl außergewöhnlicher Todesanzeigen. Bremen, Kurze 1997

Grüb, Willy: Allerhand im Trauerrand. Über den Unterhaltungswert von Todesanzeigen. 2. Auflage, Berlin, Frieling 1995

Mader, Hans: Es ist echt zu bitter. Todesanzeigen – gesammelt und kommentiert von Hans Mader. Hamburg, Germa-Press 1990

Ruppert, Helmut S.: Eingegangen in die ewigen Jagdgründe. Die Todesanzeige als Abbild der Zeit. Würzburg, echter 2008

Moritz Netenjakob. Macho Man. Roman. Broschur

Von den 68ern erzogen, lebte er dreißig Jahre als Weichei. Jetzt verliebt er sich in eine Türkin. Aber wie überlebt ein Frauenversteher in einer Welt voller Machos?

»Herrliche Charaktere, blasierte Intellektuelle, vitale Migranten, männliche Frauen und weibliche Männer. Geballte Situationskomik und akribische Beobachtungen machen ›Macho-Man‹ zu einem Tipp-Deluxe!« *Michael Gantenberg*

»Eine kleine Sensation! Klein im Sinne von doch eher groß.« *Bastian Pastewka*

Kiepenheuer
&Witsch

www.kiwi-verlag.de

»Bastian Sick ist Kult.«

Frankfurter Allgemeine Zeitung

Bastian Sick. Happy Aua. KiWi 996   Bastian Sick. Happy Aua 2. KiWi 1065

Gordon Blue, gefühlte Artischocken, strafende Hautlotion – nichts, was es nicht gibt! Bastian Sick hat sie in seinen Bilderbüchern aus dem Irrgarten der deutschen Sprache zusammengetragen und kommentiert: missverständliche und unfreiwillig komische Speisekarten, Hinweisschilder, Werbeprospekte u. ä. – die bizarrsten Deutschlesebücher der Welt.

Zum Lesen, Lachen und Nachschlagen

Silke Burmester. Das geheime Tagebuch der Carla Bruni.
KiWi 1081

Seit ihrer Hochzeit mit dem französischen Staatspräsidenten Nicolas Sarkozy ist das Leben von Ex-Model und Sängerin Carla Bruni nicht mehr, wie es war. Die ganze Welt schaut auf sie. Wem kann sie jetzt noch vertrauen? Nur ihrem geheimen Tagebuch! Nur hier steht, was sie wirklich über ihren hyperaktiven Ehemann, seine weißen Socken und sein schlechtes Englisch denkt. Der satirische Bericht aus dem Leben der Première Dame ist die komischste Liebesgeschichte des Jahres.

»Angesichts von so viel Bosheit wird einem die Première Dame sympathisch.« *L'Express*

www.kiwi-verlag.de

Ranga Yogeshwar. Sonst noch Fragen? Warum Frauen kalte
Füße haben und andere Rätsel des Alltags. KiWi 1103

Am Anfang steht immer eine einfache Frage: Warum ist
das so? Ausgehend von Beobachtungen und Erfahrungen,
die jeder machen kann, nimmt uns Ranga Yogeshwar mit
in die aufregende Welt des Wissens. Seine Streifzüge führen von der Gehaltsverhandlung in die Mathematik, vom
Sonntagmorgen-Croissant in die Geschichte oder vom
Sommerhimmel in die Physik. »Sonst noch Fragen?« zeigt,
wie viel Spaß Wissen machen kann.

www.kiwi-verlag.de

Jürgen Becker. Religion ist, wenn man trotzdem stirbt. Ein Handbuch für Humor im Himmel. KiWi 1076

»Ausgerechnet dieser Frohnatur-Charakter sucht sich als Thema ein erdenschweres aus: die Religionen dieser Welt und warum sie weder in sich konsistent sind noch zusammenpassen wollen. Was für ein Minenfeld! Und dennoch muss man permanent herzlich lachen. Dank Jürgen Becker.« *Süddeutsche Zeitung*

»Ein höchst vergnüglicher Parforceritt durch die Glaubensgeschichte, den keiner versäumen sollte. Deutschland kann sich freuen.« *taz*

www.kiwi-verlag.de

Thomas Hillenbrand. Schräge Schilder. KiWi 1128

Geplant war das nicht: Eigentlich wollte Spiegel online nur ein paar skurrile Verkehrsschilder vorstellen, doch die Veröffentlichung löste eine Lawine aus. Zu Hunderten schickten Leser eigene Schnappschüsse ein. Mittlerweile ist die Kolumne »Schräge Schilder« nach Bastian Sicks »Zwiebelfischchen« die beliebteste Bildkolumne des On-line-Portals. Die lustigsten und skurrilsten Schilder hat Thomas Hillenbrand in diesem Buch zusammengestellt und kommentiert.

www.kiwi-verlag.de

Harald Schmidt. Ich hatte 3000 Frauen. Deutschlands
größter TV-Star packt aus. Die Focus Kolumnen. KiWi 1101

Harald Schmidt öffnet sich nach vielen Büchern nun auch
privat dem Leser. Ein Journal der Abgründe, das den Leser
zum Nachdenken zwingt.

»Verwunderlich: Die Deutschen hauen jährlich Fantastil-
liarden raus für Ayurveda, Yoga und irgendwelche Tchi
Bumms. Warum hat noch niemand die meditative Kraft
tiefroter Börsenkurse entdeckt?« *Harald Schmidt*

www.kiwi-verlag.de

Helge Schneider. Bonbon aus Wurst. Mein Leben. KiWi 1100

»Da nicht nur Hartmut Beck von der SPD Rheinland-Württemberg seine Memoiren noch einmal verändert hat, habe auch ich mich entschlossen, meinen Lebenslauf noch einmal zu überdenken. Ich habe 1992 bereits handgeschriebene Erinnerungen vorgelegt, die aber aufgrund meines damaligen Zeitmangels und meiner Beschränktheiten zum größten Teil auf erfundenen Lügenmärchen basierten. Jetzt ist es an der Zeit aufzuräumen. ›Bonbon aus Wurst‹ - Mein Leben pur.« *Helge Schneider*

www.kiwi-verlag.de

Vikas Swarup. Rupien! Rupien! Roman. Deutsch von
Bernhard Robben. KiWi 954

Der indische Waisenjunge Ram wurde verhaftet, weil er
alle Fragen in der Quizshow »Wer wird Millionär?« richtig
beantworten konnte. Ihm, der nie eine Schule besucht hat,
wird Betrug unterstellt. Doch seine unglaubliche Lebens-
geschichte zeigt, warum er dennoch jede Antwort wissen
konnte und gibt dem Leser ganz nebenbei Einblicke in das
moderne Indien.
Als »Slumdog Millionär« wurde der Roman verfilmt und
mit 8 Oscars ausgezeichnet und gefeiert: »Eine Liebeserklärung an die brodelnde Energie Indiens – eine mitreißende
Achterbahnfahrt!« *Süddeutsche Zeitung*

www.kiwi-verlag.de

Christiane Dreher. Zwischen Boule und Bettenmachen.
Mein Leben in einem südfranzösischen Dorf. KiWi 1092

Wie oft küsst man sich in Frankreich eigentlich zur Begrü-
ßung? Zweimal? Dreimal? Über was sprechen die Franzosen
beim Essen, warum stehen sie so auf Schwarzwälder Kirsch-
torte, und wie schaffen sie es eigentlich, zu zweit in diesen
engen Betten zu schlafen?
Diesen und vielen anderen Fragen geht Christiane Dreher
in ihrem Buch nach – vor Ort und im Selbstversuch, denn
schließlich lebt sie seit ein paar Jahren in einem kleinen
Dorf in den Bergen oberhalb von Nizza. Landleben à la fran-
çaise, geschildert mit viel Humor und einer gehörigen Portion Selbstironie. Ein Muss für alle Frankreichliebhaber.

www.kiwi-verlag.de

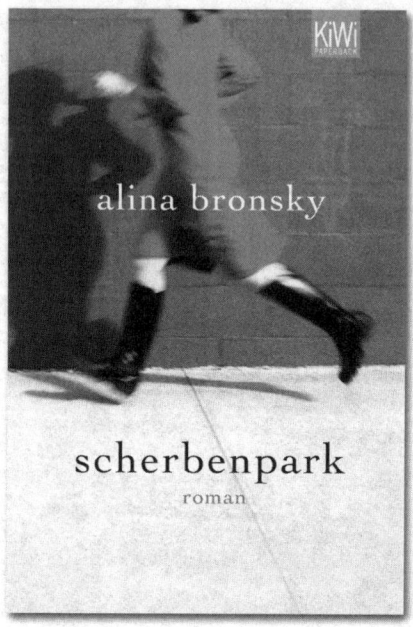

Alina Bronsky. Scherbenpark. Roman. KiWi 1118

Die 17-jährige Sascha ist eine Pendlerin zwischen zwei Welten und in keiner davon zu Hause. Aus Moskau nach Deutschland gekommen, lebt sie mit ihren jüngeren Geschwistern im Scherbenpark – einem Hochhaus-Ghetto, in dem eigene Gesetze gelten. Aber Sascha ist scharfzüngig und altklug genug, um sich zu behaupten – und um den Leser mitzunehmen auf eine Reise, die beständig an Fahrt gewinnt. Selten wurde eine solche Geschichte so komisch, respektlos und lebensbejahend erzählt.

»Die aufregendste Newcomerin der Saison.« *Der Spiegel*

www.kiwi-verlag.de

Katharina Hagena. Der Geschmack von Apfelkernen.
Roman. KiWi 1120

Katharina Hagena erzählt von den Frauen einer Familie und mischt die Schicksale dreier Generationen. Ein Roman über das Erinnern und das Vergessen, die Liebe und den Tod – bewegend, herrlich komisch und klug.

»Ich habe selten ein Buch erlebt, bei dem ich so gefühlt und gespürt, gerochen und geschmeckt habe.«
Christine Westermann

»›Der Geschmack von Apfelkernen‹ ist ein Genuss.«
Martin Walser

www.kiwi-verlag.de

Werner Köhler. Crinellis dunkle Erinnerung. KiWi 1122

Eine Mordserie führt Hauptkommissar Crinelli nach Süd-
italien. In der Kälte der kalabresischen Berge jagt er direkt
unter den Augen der `Ndrangheta einen skrupellosen
Auftragsmörder. Dabei stößt er auf verstörende Details
aus seiner eigenen Familiengeschichte. Tief in dunkle Erinnerungen verstrickt, muss er sich dennoch auf den Killer
konzentrieren, denn der setzt seine Serie unbeirrt fort.

»Breathtaking ... man kann nicht aufhören. Lesen!«
Joachim Król

www.kiwi-verlag.de